Cómo se escribe

The Scribner Spanish Series
General Editor, Carlos A. Solé
The University of Texas at Austin

Cómo se escribe

Guadalupe Valdés
New Mexico State University

Thomasina Pagán Hannum
Albuquerque Public Schools

Richard V. Teschner
University of Texas at El Paso

Charles Scribner's Sons ● **New York**

Copyright © 1982 Charles Scribner's Sons

Library of Congress Cataloging in Publication Data

Valdés, Guadalupe.
    Cómo se escribe.

    1. Spanish language—Composition and exercises.
I. Hannum, Thomasina Pagán.   II. Teschner, Richard V.
III. Title.
PC4420.V27   1982   808'.0461   82-10251
ISBN 0-684-17414-6

1 3 5 7 9 11 13 15 17 19   Q/C   20 18 16 14 12 10 8 6 4 2

PRINTED IN THE UNITED STATES OF AMERICA

Preface

Cómo se escribe is a text designed specifically for high school students educated in the United States whose native language is Spanish. The text has two main goals: to acquaint students with Spanish in its written form, and to expand students' overall knowledge of the language. To attain these goals, *Cómo se escribe* focuses on developing basic spelling skills and reading skills, introducing elementary grammatical terminology, expanding commonly used vocabulary, and developing fundamental composition skills.

PRINCIPAL SECTIONS

Cómo se escribe consists of seventeen chapters, most of which contain the following principal sections: *Ortografía, Vocabulario, Estructura, Lectura,* and *Escritura.* Some of the chapters have an additional section entitled *Actividad Oral.*

The *Ortografía* sections contain basic spelling rules. For example, the use of the written accent is explained in several of these sections; others include extensive drills in the use of graphemes such as *h, g, b, v, g,* and *j.* The *Ortografía* sections also have subsections entitled *Cómo se escribe.* Each of these brief subsections contains a list of twenty high-frequency words that are considered the core spelling list for the chapter. Students are expected to learn these words in much the same way that they learned to spell English words in elementary school. In addition to the list of spelling words, these subsections contain a number of activities that link the spelling rules covered in the chapter with the words assigned for mastery.

The *Vocabulario* sections focus on areas and activities that the bilingual Spanish-speaking student normally handles in English. Attention is given, therefore, to classroom vocabulary, words relating to school subjects, numbers and numerical expressions, parts of the body, transportation, and geography. The *Vocabulario* sections have activities in which each of the target words is used in context.

The *Estructura* sections contain material which is similar to that covered in all first-year Spanish courses. Grammar points such as number, gender, adjective agreement, and verb morphology are included. In many cases, the approach used in these sections is unlike that used with non-native speakers. The text assumes at all times that students can draw upon their knowledge of the spoken language. Many exercises, therefore, focus on making students aware of the grammatical rules that they *already follow* when they speak Spanish. Rules in this text are not intended as "prescriptions" that will result in "good" usage. They are intended, rather, as a means by which the instructor and the students can *talk* about the language. When the student is familiar with the grammatical terminology, it is much easier to refer to specific uses of language in unambiguous terms. Thus, if the instructor wishes to correct a given writing or spelling error, he/she can refer to it by using a shared terminology.

The *Lectura* sections aim to make the students' reading skills in Spanish equal to the skills that the students have already developed in English. Activities in these sections include reading at the word and phrase levels, reading at the sentence and paragraph levels, and finally reading entire selections. Explanations are included in English that contribute to making students aware of how the reading process works.

The *Escritura* sections include exercises in writing sentences and brief compositions. Activities in these sections are closely associated with the spelling part of the chapter as well as to the vocabulary and grammar.

Several chapters contain an *Actividad Oral* section. These sections involve students in classroom discussion on topics that lend themselves to reinforcing the oral abilities that are already present.

BASIC PHILOSOPHICAL CONSIDERATIONS IN TEACHING BILINGUAL STUDENTS

Cómo se escribe is based upon certain definite perspectives concerning the teaching of the Spanish language to bilingual students in this country. It is important that the instructor be aware of them, as these perspectives underlie not only the overall conception of the text but also the presentation of every unit. These perspectives are discussed in the following paragraphs.

The purpose of teaching Spanish to bilingual speakers is *not* primarily to "undo the damage that has been done at home," that is, to change the spoken dialect of Spanish that the students already have. Even if the instructor should desire to change students' regional or social varieties, research has shown that people seldom change the form in which they speak merely because they are made conscious of "deficiencies" or made to memorize long lists that compare "acceptable" and "unacceptable" forms. While there is little solid information in the literature concerning which instructional methods and materials *do* bring about bidialectalism, it is the position of the authors of this text that the acquisition or comprehension of a new dialect will only take place as overall growth in the use of the language takes place.

Bilingual Hispanic students are the product of their environment, their community, their social class, and their experiences as ethnic minority group members. They will not be able to sound like middle-class Latin Americans unless they devote a lifetime to this enterprise. Furthermore, why should they desire to sound like someone they are not? In the experience of the authors of *Cómo se escribe*, the only students who wish to sound like (and who succeed in sounding like) middle-class Mexicans or Puerto Ricans are the ones whose own background is middle-class and who maintain extensive ties with middle-class friends or relatives who are predominantly Spanish-speaking.

In an average bilingual community in the United States, written Spanish is used minimally or not at all. The bilingual Spanish-speaking student thus has little exposure to Spanish-language materials and little practice in either reading or writing.

Bilingual Spanish-speaking students possess great language strengths that need to be nourished and developed. As these students become adults who must function in a literate society, the most important skills for them to develop are those that relate to the use of the written language.

Reading and writing skills can be taught efficiently and methodically, although not all students need to start instruction in such skills from the very beginning. A first course for Spanish-speaking bilinguals should contain the following elements:

1. Instruction in sound/letter equivalences.
2. Instruction in problem spelling areas.
3. Instruction in the use of the written accent.
4. Exercises in vocabulary development.
5. Exercises for developing reading skills.
6. Instruction in traditional grammar terminology.

The experience of working with Spanish both as a medium and as a subject of instruction will contribute significantly to the students' knowledge and growth in the language. Students will acquire a sense of the difference between the formal *(español normativo)* and the informal *(español popular)* language without being made to feel that the principal objective of the study of Spanish is to remodel speech patterns.

Students' confidence in their use of Spanish will grow and will hopefully result in a more positive attitude toward regional varieties of Spanish. The bilingual Spanish-speaking students who are able to read and write Spanish correctly will become important members of the Hispanic community in this country.

Preliminary editions of this text were extensively classroom-tested at Las Cruces High School, Las Cruces, New Mexico; Mayfield High School, Las Cruces, New Mexico; Albuquerque High School, Albuquerque, New Mexico; and Harrison Mid School, Albuquerque, New Mexico. The authors are especially indebted to the following colleagues for the evaluation of this text: Beverly Varela (Las Cruces High School); Tony Yañez (Mayfield High School); Grace Kearney (Albuquerque High School); and Sarah Brown (Harrison Mid School). The comments and suggestions made by members of the seminar conducted at the 1980 Linguistic Institute on the topic "Teaching Spanish to Native Speakers at the Secondary Level" were invaluable. The authors wish to thank: Eduardo E. Vargas, Kitty Jalink, Grace Kearney, Nina Gitlin, Hilma Espinosa, Sarah Brown, Marcela Sandoval, Joseph Kobylas, and Magda Maureira.

GUADALUPE VALDÉS
THOMASINA PAGÁN HANNUM
RICHARD V. TESCHNER

Contents

Cómo se escribe

CAPÍTULO I

At the end of this chapter, you will be able to:

ORTOGRAFÍA

- spell words aloud in Spanish using the name of each letter correctly
- correctly spell the 20 words contained in the section CÓMO SE ESCRIBE

VOCABULARIO

- give the Spanish term for every word contained in the section VOCABULARIO ESCOLAR
- create an original sentence with each word included in the vocabulary section

LECTURA

- recognize and pronounce all words known as "sight words"
- recognize differences between words which have similar written forms

ESCRITURA

- write original Spanish sentences using punctuation marks correctly

ORTOGRAFÍA

I. *EL ABECEDARIO (ALFABETO) ESPAÑOL*

A. The Spanish alphabet contains twenty-eight letters.

a	a	*j*	jota	*r*	ere
b	be grande	*l*	ele	*rr*	erre
c	ce	*ll*	elle	*s*	ese
ch	che	*m*	eme	*t*	te
d	de	*n*	ene	*u*	u
e	e	*ñ*	eñe	*v*	ve chica (uve)
f	efe	*o*	o	*x*	equis
g	ge	*p*	pe	*y*	i griega
h	hache	*q*	cu	*z*	zeta (ceta)
i	i				

B. The following letters are not considered part of the Spanish alphabet. They are used only in words of foreign origin.

Letra	Nombre	Palabras de origen extranjero
k	ka	kilómetro, kepí
w	doble v	Washington, wagón
	doble u	

C. The following letters represent a *single* sound. They are considered a *single* letter.

Letra	Nombre	Ejemplos
ch	che	chico, muchacho
ll	elle	llave, silla
rr	erre	carro, perro

D. The only letters which can be used as *double* letters are:

cc   lección, diccionario
nn   innecesario, innovación

E. When doubled, c and n represent *two distinct sounds*.

F. Spanish dictionaries contain separate sections for words that begin with ch and ll . To look for the word *chimenea* (chimney), for example, you would look under ch and not under c .

Actividades

Write out the following exercises on a separate sheet of paper.

Actividad 1

This exercise contains words which are written using the names of the letters.
Write out each word.   Example: ce, a, ese, a   Write out: *casa*

1. pe, e, de, ere, i, te, o
2. hache, o, ere, i, zeta, o, ene, te, e
3. ese, a, ele, uve, a, jota, e
4. e, ese, pe, a, eñe, o, ele
5. jota, a, be, o, ene, e, ese
6. ce, a, be, a, elle, o
7. a, ele, eme, o, hache, a, de, a
8. te, ere, a, ene, cu, u, i, ele, i, zeta, a, ere
9. a, erre, o, i griega, o
10. ese, e, eme, i, elle, a

Actividad 2

Write out the <u>names</u> of the letters for each of the following words.
Example: joven   Write out: *jota, o, uve, e, ene*

1. hispanohablantes
2. amarillo
3. puertorriqueño
4. mexicano
5. cubano
6. jardines
7. leyenda
8. zapatilla
9. personajes
10. frecuencia

Actividad 3

Rewrite the following words in alphabetical order.

echo	pecoso	toalla
cilindro	pedal	necio
chico	pecho	ñandú
una	jarra	llana
uña	jardín	lana

Actividad 4

Rewrite the following words dividing them into <u>two</u> groups: words that have double consonants and words that do not.

lección	selección	carretilla
parra	innatural	innovación
llama	zorro	zorrillo
calle	caballero	corromper

Actividad 5

Using a dictionary

1. Find five words that begin with the letter *ch* .
2. Find five words that begin with the letter *ll* .
3. Find five words that have the letter *ñ* .

Actividad 6

Complete the following sentences:

1. El alfabeto español tiene _____ letras.
2. El alfabeto inglés tiene _____ letras.
3. Las letras _____ , _____ , y _____ se consideran una sola letra.
4. Las letras _____ y _____ no están en el alfabeto español.
5. El inglés no tiene las letras _____ , _____ , _____ y _____ .

II. *CÓMO SE ESCRIBE*

Lista #1

Palabras que deben saberse

1.	soy	11.	tiene
2.	doy	12.	leo
3.	voy	13.	fue
4.	traigo	14.	fui
5.	trae	15.	sigo
6.	traen	16.	sigue
7.	pienso	17.	creo
8.	aquí	18.	crees
9.	quiero	19.	son
10.	tengo	20.	somos

Actividad 1

Copy the twenty words from list #1.

Actividad 2

1. Find the words that are spelled with the letter _y_.
2. Find the words that contain a double letter.
3. Find the words that have a written accent.
4. Find the words that are spelled with the letter _g_.
5. Find the words that are spelled with _gu_.
6. Find the words that are spelled with _qu_.

Actividad 3

Write an original sentence with each of the following words:

doy   creo   sigo   son   fui   pienso

Actividad 4

Select the correctly spelled words from among the following:

1. train, traen, traén
2. sigo, sijo, sígo
3. aquí, aqui, aqí
4. quero, quiero, quiro
5. peinso, píenso, pienso

Actividad 5

Study and write out each of the following sentences. Your teacher will use them for dictation.

1. Yo soy la persona que tiene el libro de la maestra.
2. Traigo un lápiz que tú crees que es tuyo.
3. Fui a la iglesia el domingo.
4. Sigue lloviendo afuera y yo tengo que irme.
5. Aquí tiene usted el dinero que traen los muchachos.

VOCABULARIO

Developing Vocabulary

While speaking Spanish, have you ever found that you just didn't know the Spanish word for what you wanted to say? If so, this probably happened to you when you were talking about something that you normally discuss in English. This is a common problem for bilingual students.

These sections are designed to help you develop your vocabulary skills especially in areas in which you rarely use Spanish. In these sections you will learn common words that you do not know and remember words you may have heard only once or twice. You will be asked to keep a *vocabulary notebook* in which you will write all vocabulary activities for each chapter.

I. *VOCABULARIO ESCOLAR*

In your vocabulary notebook, write out the Spanish term for each word given below. When you have finished, check yourself in the section PALABRAS EN USO.

KEY WORDS: PALABRAS CLAVES

1. student desk
2. teacher's desk
3. chalkboard/blackboard
4. chalk
5. notebook (spiral)
6. loose-leaf binder
7. notebook paper
8. ballpoint pen
9. mechanical pencil
10. ruler
11. to take a course/class
12. to call roll
13. assignment
14. to grade something
15. grades
16. examinations
17. tests
18. to fail a course
19. to pass a course
20. grade report

II. *PALABRAS EN USO*

Give the English equivalent of the italicized words. Carefully study the context in which each word is found. Notice that words are not included here in the order in which they are found above.

1. Los estudiantes están en sus *pupitres* y el maestro está en su *escritorio*.

2. Los alumnos copian en sus *libretas* lo que está escrito en la *pizarra* (el *pizarrón*) con *tiza/gis*.

3. Ponen generalmente los papeles sueltos en una *carpeta*.

4. El *papel de carpeta* generalmente tiene perforaciones que se rompen con facilidad.

5. Para la clase de matemáticas, los alumnos tienen que escribir con *lapiceros* y usar *reglas* para trazar líneas con mucho cuidado. El profesor no permite que se usen plumas (*bolígrafos*).

6. Todos los días el maestro *pasa lista* y *califica* las *tareas* de los alumnos.

7. Al final del semestre, después de tomar *exámenes* y *pruebas,* cada alumno recibe un *informe de sus calificaciones.*

8. Los estudiantes que *aprueban un curso* pueden seguir otro más avanzado, pero los que *reprueban (fracasan)* necesitan repetirlo.

9. Durante el último año de secundaria, muchos alumnos prefieren *cursar pocas materias*, (*tomar pocas clases*), (*llevar pocos cursos*).

Actividades

Actividad 1

In your vocabulary notebook, copy and complete each sentence.

1. Elena me pidió prestadas tres hojas de papel de _____ .
2. Si quieres _____ el curso, es decir, no reprobarlo, tienes que estudiar mucho.
3. La maestra no _____ todas las tareas. Sólo revisa unas cuantas.
4. Para escribir en la pizarra se necesita _____ .
5. Juan no estaba en clase cuando el profesor _____ lista.
6. Hay que medir el tamaño de este libro. Necesitamos una _____ .
7. María rompió su _____ porque recibió muy malas calificaciones y no quería que sus papás lo vieran.
8. ¿Qué tenemos de _____ para mañana en la clase de inglés?

9. Necesitamos un _____ para escribir lo que nos dicta el maestro en la clase de español.

10. El muchacho se quedó dormido con la cabeza sobre su _____ , mientras el maestro hablaba.

Actividad 2

Explique la diferencia entre:

1. una prueba y un examen
2. pasar una materia y reprobar una materia
3. un escritorio y un pupitre
4. una pluma y un lapicero
5. un cuaderno y una carpeta

Actividad 3

Use each of the following groups of words in a single sentence.
Ejemplo: regla, carpeta, escritorio
La *regla* y la *carpeta* están en el *escritorio*.

1. calificar, exámenes, calificaciones
2. curso, informe, reprobar
3. pizarra (pizarrón), tiza (gis), prueba
4. tarea, pluma, papel de carpeta
5. pupitres, cuadernos, lapiceros

Actividad 4

Self-test: Test yourself using the English list at the beginning of this section. On a separate sheet of paper, write out the Spanish term for each word. DO NOT CONSULT YOUR VOCABULARY NOTEBOOK.

LECTURA

Algunas palabras en inglés sobre el proceso de la lectura.

Reading in Spanish is not very different from reading in English. It involves certain basic abilities such as recognizing written symbols and quickly understanding the message contained in them. Most students learn how to do this in elementary school.

At the same time, it is very clear that learning reading skills in one language does not necessarily mean you can use them well in another language. This is true of students who learn a foreign language, and it is also true of bilingual students who have always used English in school. Students like you may speak Spanish fluently, but may have never tried to read in Spanish. Many times you will have a mental picture of what a Spanish word will look like, but this mental picture is based on the English reading system you have learned.

For example, you might imagine that the Spanish word *gente* is spelled *hente* to match English *head, hat,* etc. So for you, learning to read Spanish well is a special process. It will involve learning to assign the correct written form to the large number of words you know and use frequently every day.

Basic Reading at the Word Level

As you begin reading in Spanish, you should pay special attention to decoding words. At the beginning, you will often decode words aloud. You may find yourself actually sounding out each word aloud, syllable by syllable, until you can recognize it as a word you use when you speak. However, as you get better at this, most of your reading will be silent. You will have learned to recognize frequently used words on sight. Indeed, you will develop a "sight" vocabulary or a "basic reading" vocabulary. At the same time, you will be able to sound out any new word you encounter.

Sight Words

Sight words are ones which every reader must recognize immediately. In English, sight words are frequently used words such as *boy, find, fun, the, a,* etc., which most readers learn in the very early grades. In Part I of this reading section, you must work with all the words in the lists until you are able to say them immediately when you see them.

Rapid Word Perception

In reading skillfully, be careful you do not confuse words that have similar spellings. The exercises in Part II of this reading section are there to develop rapid word perception—this includes being able to recognize words which are easily confused because they look alike.

I. *SIGHT WORDS*

Practice reading each column of words with someone else. Repeat the exercise until you are able to read the words contained in each of the columns smoothly, without long pauses or significant errors, and at an even rate of speed.

A	B	C	D
1. abro	1. leche	1. libro	1. voy
2. leo	2. pan	2. mano	2. cuándo
3. quiero	3. café	3. huevo	3. dónde
4. fui	4. clase	4. lugar	4. agua
5. fue	5. hago	5. feliz	5. abuelo
6. creo	6. leí	6. luego	6. ayer
7. crees	7. vio	7. iglesia	7. casa
8. creen	8. iba	8. igual	8. perro
9. tiene	9. era	9. hora	9. cuando

	A		**B**		**C**		**D**
10.	tengo	10.	hubo	10.	nadie	10.	mujer
11.	estoy	11.	voz	11.	ninguno	11.	hombre
12.	son	12.	dos	12.	dijo	12.	hermano
13.	somos	13.	hoy	13.	nada	13.	papá
14.	traigo	14.	antes	14.	menos	14.	mamá
15.	trae	15.	ahora	15.	pido	15.	silla
16.	salgo	16.	aunque	16.	sé	16.	donde
17.	vengo	17.	cada	17.	nunca	17.	campo
18.	vienen	18.	baile	18.	supe	18.	azúcar
19.	pienso	19.	caballo	19.	viejo	19.	azul
20.	doy	20.	bueno	20.	conoce	20.	zapato

	E		**F**		**G**		**H**
1.	año	1.	mientras	1.	número	1.	decimos
2.	comida	2.	mismo	2.	leyó	2.	digo
3.	difícil	3.	país	3.	preguntó	3.	vivimos
4.	desde	4.	maíz	4.	dice	4.	puedo
5.	después	5.	quién	5.	cómo	5.	podemos
6.	cara	6.	cuánto	6.	por qué	6.	viviste
7.	qué	7.	pongo	7.	abuelita	7.	íbamos
8.	cuál	8.	puerta	8.	mesa	8.	hija
9.	día	9.	siempre	9.	árbol	9.	tía
10.	frío	10.	quien	10.	carne	10.	primo
11.	escuela	11.	rojo	11.	por	11.	amigo
12.	esposo	12.	verde	12.	papel	12.	barrio
13.	gente	13.	amarillo	13.	pero	13.	camisa
14.	que	14.	cuanto	14.	vaso	14.	vestido
15.	cual	15.	estuvo	15.	como	15.	blusa
16.	guerra	16.	muy	16.	porque	16.	soy
17.	feo	17.	hablan	17.	taza	17.	están
18.	manzana	18.	para	18.	tenedor	18.	está
19.	lápiz	19.	tardes	19.	cuchillo	19.	bonito
20.	juego	20.	estudia	20.	cuchara	20.	maestro

II. RAPID WORD PERCEPTION

Directions: Read the following lines rapidly counting the number of times each key word appears.

Examples: *Key word*

sin	soy	se	sin	ser	si	sin	sí	(2)
toma	toma	tan	tu	toma	tomo	trae	tiene	(2)

A. *Palabras claves*

1. pero   pero   pera   para   pero   para   pana
2. mi   mi   mí   me   mi   mí   muy   me   más
3. son   soy   son   sin   son   son   soy   su
4. fue   fin   fui   fue   fui   fin   fue   fe
5. voy   doy   voy   va   van   voz   voz   voy
6. pan   paz   pon   pan   pon   pan   paz   pon
7. da   dé   de   dan   das   da   dé   da   fa
8. tú   tu   té   te   ti   tu   tan   tu   tú

B. *Palabras claves*

1. nada   nana   nadan   nado   nada   cada   hada
2. suyo   tuyo   suyo   suma   sumo   suyo   suyo
3. pena   pena   peina   pera   pana   pierna   pone
4. hace   hace   hasta   hago   hace   hada   hace
5. digo   dilo   digo   dijo   dice   diga   digo
6. lástima   lastima   lastimó   lastimas   lástima
7. fuerza   fuerte   fuerte   fuerza   fuera   fuerza
8. escribir   escribe   escribió   escrito   escribo   escribir

C. *Palabras claves*

1. pone   pongo   pone   pone   poco   poso   pana   pone
2. suerte   suerte   suene   sueñe   sueñe   suele   suelo   suerte
3. habla   hablan   hablas   hable   hablo   habló   hable
4. moda   modo   mojo   mono   mona   moja   moda   moda
5. repito   repitió   repite   repito   repiten   repites   repite
6. cien   ciento   siento   bien   cien   cine   cien
7. tiene   tienda   tienes   tiene   tienen   tiene   tienes
8. control   contrato   contrito   control   controlo   controla   control

D. *Palabras claves*

1. derecho   derecha   derecha   derecho   derechos   derecho   derecha
2. muchos   muchos   mucho   mucho   macho   muchas   muchos
3. cocina   cochina   camina   cocina   camino   cocino   cocinar

4. daba	daña	dan	da	haba	baba	daba	daba
5. vulgar	vulgo	valga	valer	vulgares	vulgar	vulgares	
6. trapo	trapito	trapos	trapos	trapo	trampo	trapo	
7. soltero	soltero	soltura	soltarse	soltura	soltar		
8. regalo	regaló	regla	regalé	regala	regalos	regalo	

E. *Palabras claves*

1. respeta	respetó	respecto	respeta	respeta	respuesta	
2. llene	llueve	lega	lleve	llena	llene	llueve
3. presenta	presenta	presentas	presentó	presentaba	presenta	
4. necesidad	necesidad	necesario	necesita	necesitado	necedad	
5. letrita	letrilla	letra	letrica	letrita	letrero	
6. botica	platica	significa	botones	totita	botica	
7. sangre	santo	sangre	sastre	sangra	sangro	sangre
8. bastaba	bastante	bastara	bastaba	bastante	basta	

ESCRITURA

PUNTUACIÓN

I. Punctuation marks: The punctuation marks that are used in Spanish are:

.	el punto final
,	la coma
;	punto y coma
:	dos puntos
¿	principio de interrogación
?	fin de interrogación
¡	principio de admiración
!	fin de admiración
( )	paréntesis
''	comillas
-	guión
—	raya

II. Use of punctuation marks: Generally punctuation marks are used in Spanish just as they are used in English. There are two important exceptions: question marks and exclamation marks.

A. Question marks are used at the beginning and at the end of a question to indicate where it begins and where it ends.

Ejemplos: ¿Dónde vive tu papá?
Juan es tu hermano, ¿verdad?

B. Exclamation marks are used at the beginning and at the end of an exclamation to indicate where it begins and where it ends.

Ejemplos: ¡Qué terrible día tuvimos!
Si ganara Juan la carrera, ¡qué fantástico sería!

Actividades

Actividad 1

Write the following sentences adding punctuation marks.

1. Por qué no quieres ir al cine
2. Qué bonita blusa traes
3. Compramos un reloj una pulsera y un libro
4. Tú no estudiaste para el examen verdad
5. Qué gusto me da verte
6. Este libro tiene tres partes la explicación del problema la descripción del trabajo que se hizo y las conclusiones
7. A Juan le gustaría usar el automóvil de su tío no es así
8. Cuándo es el cumpleaños de la novia de Jorge
9. El concierto estuvo fabuloso
10. Qué te regaló tu mamá

Actividad 2

Write the following sentences. Your teacher will correct only the punctuation.

1. Write five original questions in Spanish.
2. Write five original exclamations in Spanish.

CAPÍTULO II

At the end of this chapter, you will be able to:

ORTOGRAFÍA
- name the Spanish vowels
- indicate when the vowel *u* is silent
- show how and why a *diéresis* is used
- correctly spell the 20 words contained in the section CÓMO SE ESCRIBE

VOCABULARIO
- give the Spanish term for every word contained in the section VOCABULARIO ESCOLAR
- create an original sentence with each word included in the vocabulary section

LECTURA
- find the synonyms of common, frequent words

ESCRITURA
- write original Spanish sentences using capital letters correctly

ORTOGRAFÍA

LAS VOCALES

A. Spanish has five vowels (*vocales*).

   a   e   i   o   u

B. The rest of the letters of the alphabet are consonants (*consonantes*).

C. In English, vowels can represent several different sounds or have no sound at all.

Vocal inglesa	Ejemplos de diferentes sonidos que representa
a	able
	father
	cat
	meal
e	bet
	delight
	mile

D. Spanish vowels *always* represent the same sounds.

a	e	i	o	u
casa	elefante	chiste	rojo	puso
madre	Pepe	Mimi	pronto	duro
alfalfa	meter	si	no	nudo
matar	tener	hilo	saludó	tu
Ana	chocolate	pisa	como	luz

E. The vowel *u* is the only vowel which can be silent (*muda*). *U* is silent when it is in the following combinations:

Combinación	Ejemplos
gue	guerra, pague
gui	guitarra, Guillermo
que	queso, paquete
qui	quita, Paquita

F. In words which have the letter groups *güe* and *güi*, *u* is *not* silent. The *diéresis* (the two dots above the *u*) means the *u* is pronounced.

Combinación	Ejemplo del uso de diéresis
gue	bilingüe, averigüe
gui	pingüino, bilingüismo

G. The vowel *u* summary.

1. *U* is silent *only* in the combinations *gue*, *gui*, *que*, and *qui*.
2. The vowel *u* is sounded in the combinations *gue* and *gui* if it has a dieresis over the *u*: güe, güi.
3. *U* is *always* silent in the combinations *que* and *qui*. Here, a dieresis can *never* be used to give it a sound.

Actividades

Write out the following exercises on a separate sheet of paper.

Actividad 1

Write:

1. five Spanish words that have an *a*.
2. five Spanish words that have an *e*.

3. five Spanish words that have an *i*.
4. five Spanish words that have an *o*.
5. five Spanish words that have an *u*.

Actividad 2

Copy the following words. Circle all vowels and underline consonants.

1. pantalón
2. refrigerador
3. cocina
4. película
5. instructor
6. personal
7. jardinera
8. asignatura
9. creer
10. agradecimiento

Actividad 3

Copy the following words. Underline silent u's *wherever they appear.*

1. buscar
2. sigue
3. pusieron
4. hule
5. quemaron
6. lingüística
7. guisado
8. frecuencia
9. aquí
10. fue
11. bueno
12. su
13. quince
14. quiere
15. ruta

Actividad 4

Copy the following words. Underline those in which u *is* not *silent.*

1. espuma
2. cuento
3. quedar
4. pingüino
5. siguiente
6. cual
7. uña
8. subieron
9. secuencia
10. quiso

Conceptos: Las vocales.

Fill in the following blanks:

1. El español tiene _____ vocales y _____ consonantes.
2. En español la vocal _____ puede ser muda, es decir no se pronuncia en ciertas combinaciones.
3. Las combinaciones en que puede haber una _____ muda son _____ y _____ .
4. Se usa la _____ para indicar que la _____ se pronuncia en las combinaciones *gue* y *gui*.
5. A las combinaciones _____ y _____ nunca se les pone una _____ . La _____ siempre es muda.

Lista #2

Palabras que deben saberse

1. está	11. pienso
2. están	12. yo
3. estoy	13. ayer
4. ya	14. vivo
5. cuánto/cuanto	15. vive
6. qué/que	16. estudia
7. cuál/cual	17. traje
8. quién/quien	18. era
9. dónde/donde	19. estaba
10. cuándo/cuando	20. lengua

Actividad 1

Copy the twenty words from list #2.

Actividad 2

1. Find the words that have a silent *u*.
2. Find the words that have *u*'s which are *not* silent.
3. Find the words that are spelled with a *v*.
4. Find the words that begin with a *y*.
5. Find the word which has the letter *j*.

Actividad 3

1. Find the words that have a written accent.
2. Explain what the following words have in common: cuánto, qué, cuál, quién, dónde.

Actividad 4

Complete the following sentences with words from list #2.

1. Juan _____ sentado estudiando cuando llegó Alicia.
2. Hoy es sábado, _____ fue viernes.
3. ¿ _____ años tiene Ofelia?
4. _____ me voy porque _____ es tarde.
5. Cuando fui a Nueva York le _____ a mi hermano un libro.

Actividad 5

Rewrite the words in the following list, correcting spelling errors when necessary.

1. estaba
2. bibo
3. ya
4. qién
5. qüe
6. eda
7. aller
8. están
9. esta
10. peinso

VOCABULARIO

I. *VOCABULARIO ESCOLAR: KEY WORDS*

In your vocabulary notebook, write out the Spanish term for each word given below. When you have finished, check yourself in the section **PALABRAS EN USO**.

KEY WORDS: PALABRAS CLAVES

1. subject
2. shorthand
3. typing
4. home economics
5. foreign languages
6. literature
7. algebra
8. geometry
9. mathematics
10. choir
11. physical education
12. chemistry
13. biology
14. physics
15. botany
16. geography
17. sociology
18. history
19. mechanics
20. drawing / painting

II. *PALABRAS EN USO*

Give the English equivalent of the italicized words.

1. Los jóvenes que quieren ser secretarios / secretarias necesitan estudiar materias como *taquigrafía* (en la cual se aprenden símbolos especiales para tomar dictado) y *mecanografía* (en la cual se aprende a escribir a máquina).

2. Hoy muchos muchachos estudian *economía doméstica* porque saben que es necesario saber cómo sobrevivir en la cocina. También las muchachas ven la importancia de estudiar *mecánica* para así entender algo sobre automóviles.

3. El semestre que viene, Juan podrá escoger *materias* de los siguientes grupos:

Ciencias: *química, biología, física, botánica*
Ciencias sociales: *geografía, sociología, historia*
Matemáticas: álgebra, geometría, curso de matemáticas prácticas
Arte: *pintura, dibujo*, fotografía
Educación física
Idiomas extranjeros: francés, alemán, ruso
Economía doméstica
Coro
Literatura: literatura inglesa, literatura angloamericana, literatura española, literatura hispanoamericana

Actividades

Actividad 1

Complete each of the following sentences with a Spanish word from the list of key words.

1. A Juan le gusta hacer ejercicio, y por eso le gusta la clase de _____ .
2. La _____ estudia las plantas.
3. La _____ estudia la sociedad.
4. Pedro estudia sobre el siglo XVI en una clase de _____ de Europa.
5. Larry piensa ser arquitecto y por eso necesita tomar una clase de _____ en lugar de una clase de pintura.
6. A los jóvenes que les gusta cantar les interesa estar en el _____ .
7. Para estudiar taquigrafía se necesita un cuaderno y un lápiz, pero para estudiar _____ se necesita una máquina de escribir.

Actividad 2

Explain the difference between:

1. las matemáticas y el francés
2. la biología y la química
3. la pintura y el dibujo
4. el álgebra y la geometría
5. las ciencias sociales y las ciencias naturales

Actividad 3

Describe your favorite class in Spanish.

Actividad 4

Answer the following questions in Spanish.

1. ¿Cuántas materias estudia usted cada semestre?
2. ¿Qué materias está usted estudiando ahora?

3. ¿Qué materias cree usted que no deben tomar las mujeres?
4. ¿Qué materias cree usted que no deben tomar los hombres?

Actividad 5

Self-test: Test yourself using the English list at the beginning of this section. On a
separate sheet of paper, write out the Spanish term for each word. DO NOT
CONSULT YOUR VOCABULARY NOTEBOOK.

LECTURA

Algunas palabras en inglés sobre el proceso de la lectura.

In the exercises in the previous section, you worked on recognizing similar words as rapidly
as possible. In order to read well, you must be able to do a good job of understanding
words, phrases, and sentences at a reasonable rate of speed. The exercises in this section will
give you practice in recognizing words with similar meanings.

Synonym Recognition

For each exercise, number your paper from 1 through 10. Write each key word (*palabra
clave*) and its synonym.

A. *Palabras claves*

	A	B	C	D
1. nunca	siempre	nada	jamás	nadie
2. bonito	terrible	alto	lindo	simpático
3. doctor	enfermo	abogado	hospital	médico
4. feliz	triste	robusto	contento	amable
5. hallar	encontrar	perder	entregar	entender
6. componer	revisar	permitir	descomponer	arreglar
7. ahora	ayer	mañana	noche	hoy
8. estudiante	pupila	alumno	colegio	estudioso
9. prisión	edificio	crimen	cárcel	juez
10. niña	niño	mujer	jovencita	alumna

B. *Palabras claves*

	A	B	C	D
1. boda	fiesta	novios	iglesia	casamiento
2. sufrimiento	risa	felicidad	dolor	tranquilidad
3. romper	componer	quebrar	analizar	descomponer
4. escondido	oculto	consecuencia	perder	regalar
5. regalar	pedir	dar	llevar	obtener
6. llevar	causa	lamentar	llegar	transportar
7. ladrón	banquero	dinero	ratero	rata
8. acordarse	olvidar	recordar	retener	memoria
9. idioma	español	hablar	lengua	espuma
10. elegante	triste	suntuoso	débil	libro

C. *Palabras claves*

	A	B	C	D
1. aroma	pregunta	ojo	nariz	olor
2. querer	odiar	olvidar	amar	responder
3. contestar	responder	reponer	repicar	retroceder
4. distinto	igual	diferente	claro	similar
5. frasco	fracaso	bote	vidrio	botella
6. pánico	paquete	risa	terror	llanto
7. mandar	llevar	ordenar	quitar	castigar
8. cambiar	modificar	presentar	volver	molestar
9. fácil	difícil	problema	complejo	sencillo
10. bello	claro	hermoso	hermano	feo

D. *Palabras claves*

	A	B	C	D
1. brincar	desobedecer	estudiar	saltar	limpiar
2. gis	pasta	reptil	pájaro	tiza
3. andar	correr	caminar	exponer	devolver
4. cansar	canasta	cara	fatigar	ordenar
5. entender	preguntar	enseñar	confundir	comprender
6. casa	vivienda	árbol	tierra	pozo
7. fuerte	fuerza	débil	poderoso	potencia
8. bailar	danzar	zapatos	rumba	disco
9. furioso	contento	enojado	calmado	alegre
10. helado	caliente	hielo	refrigerador	congelado

E. *Palabras claves*

	A	B	C	D
1. bomba	boleta	agua	explosivo	agujero
2. pluma	comedor	simple	navegar	bolígrafo
3. cabello	pelo	largo	barba	cable
4. abandonar	quitar	dejar	disfrazar	compacto
5. duro	difícil	durante	blando	agradable
6. dueño	padre	cantante	propietario	mujer
7. entero	parte	entierro	pedazo	completo
8. gracioso	risa	divertido	gracia	estudioso
9. idea	perfecto	aptitud	imaginar	concepto
10. trabajar	firmar	laborar	juntos	sudar

ESCRITURA

LAS MAYÚSCULAS

I. DEFINICIONES

término español	término inglés
mayúscula	capital letter
minúscula	small letter
	(lower case)

II. USOS

A. There are important differences in the use of capital letters in Spanish and in English. Spanish does not use capital letters in the following cases:

Casos en que el español *no* usa mayúsculas

los días de la semana	lunes, sábado, martes
los meses del año	diciembre, junio
adjetivos de nacionalidad	americano, irlandés
nombres de idiomas	inglés, español, francés

In these same cases English *does* use capital letters

Casos en que el inglés *sí* usa mayúsculas

los días de la semana	Monday, Saturday, Tuesday
los meses del año	December, June
adjetivos de nacionalidad	American, Irish
nombres de idiomas	English, Spanish, French

B. Capital letters are used in the following cases:

Casos en que el español *sí* usa mayúsculas

nombres propios	Juan García, Puerto Rico, el río Colorado, el mar Pacífico
referencias a Dios o a la Virgen María	Señor Jesucristo, Creador, la Virgen del Carmen
títulos de dignidad o autoridad	Su Excelencia don Rafael Pérez Ocampo Su Santidad el papa Juan Pablo II

títulos de libros, dramas, poemas	(sólo la *primera* palabra) *La venganza del gigante de la montaña.*
títulos de revistas	(*todas* las palabras importantes) *Blanco y Negro*
la primera palabra de cada oración	El niño cruzó la calle sin permiso.

Actividades

Actividad 1

Write the following sentences using capital letters where they are necessary.

1. la constitución americana garantiza la libertad religiosa.
2. los franceses estuvieron en algunos países de áfrica.
3. pedrito cumple ocho años en febrero.
4. la junta del sábado será el miércoles a las seis.
5. yo quiero estudiar alemán pero mi mamá dice que es más útil el ruso.

Actividad 2

1. Write five original sentences in Spanish in which there are commas.
2. Write five original questions in Spanish.
3. Write five exclamations in Spanish.

CAPÍTULO III

At the end of this chapter, you will be able to:

ORTOGRAFÍA

- identify strong and weak vowels
- identify Spanish diphthongs
- identify words that contain diphthongs
- identify when _u_ is silent and when it forms a diphthong with another vowel
- show how words containing diphthongs divide into syllables
- correctly spell the 20 words contained in the section CÓMO SE ESCRIBE

ESTRUCTURA

- form the plural of nouns and adjectives

LECTURA

- read at the sentence level

ESCRITURA/COMPOSICIÓN

- correct errors in plural formation
- change nouns and adjectives into the plural, making all other changes required by the sentence in which they are found
- write original sentences in the singular and plural

ORTOGRAFÍA

I. *LOS DIPTONGOS*

A. EL ESPAÑOL TIENE DOS CLASES DE VOCALES.

Las vocales fuertes son:

    a   *e*   *o*

Las vocales débiles son:

    i   *u*

B. DIPTONGOS: UNA DEFINICIÓN.

Un diptongo en español puede ser una combinación de:
1. una vocal fuerte y una vocal débil.
2. una vocal débil y una vocal fuerte.
3. una vocal débil y una vocal débil.

C. LA SIGUIENTE LISTA INCLUYE TODOS LOS POSIBLES DIPTONGOS ESPAÑOLES.

Vocal fuerte + débil		**Vocal débil + fuerte**		**Vocal débil + débil**	
sonido	*ejemplo(s)*	*sonido*	*ejemplo*	*sonido*	*ejemplo*
ai	baile, hay	ia	estudia	ui	cuidado
au	jaula	ua	guapo	iu	ciudad
ei	treinta, rey	ie	fiesta		
eu	Eugenia	ue	puedo		
oi	oiga, soy	io	indio		
ou	bou*	uo	antiguo		

*This is the only example of this particular diphthong.

D. UNA COMBINACIÓN DE DOS VOCALES FUERTES *NO* ES DIPTONGO.

Ejemplos:	eo	paseo	ao	caos	oe	poema
	ea	tarea	ae	traer	oa	toalla
	ee	lee			oo	cooperar

Actividades

Write out the following exercises on a separate sheet of paper.

Actividad 1

Pronunciación: Pronuncie cuidadosamente todos los diptongos posibles. Los diptongos aparecen en el cuadro anterior (in the chart above).

Actividad 2

Divide a sheet of paper into 3 columns. Head each column as indicated below. Give the information required for each word on the list.

Example:	*Column* 1 Palabra	*Column* 2 ¿Hay diptongo?	*Column* 3 Descripción de las vocales
	fierro	sí	vocal débil + fuerte
	causa	sí	vocal fuerte + débil

Palabras: 1. cambio   2. línea   3. barbacoa   4. cualidad   5. bueno
           6. pie   7. jueves   8. leal   9. piano   10. creer

Actividad 3

Escriba las siguientes palabras y subraye (underline) las que tengan dos vocales fuertes juntas.

1. teatro   6. piensa   11. siesta
2. pues   7. pasea   12. diez
3. caigo   8. jalea   13. viernes
4. cae   9. traen   14. miedo
5. siete   10. toalla   15. pelea

Actividad 4

Escriba las siguientes palabras y subraye las que tengan diptongos.

1. cuerpo   6. cielo   11. leer
2. Sánchez   7. león   12. tierra
3. personal   8. bodega   13. José
4. aire   9. quien   14. precio
5. cuanto   10. noticia   15. nieto

E. LA PRONUNCIACIÓN DE LOS DIPTONGOS.

Al pronunciar un diptongo:
1. se oyen dos sonidos vocálicos
2. la vocal fuerte predomina
3. la vocal débil se oye menos

Actividad 5

Discriminación. Pronuncie los siguientes pares de palabras:

cielos–celos   precio–preso   baile–vale   veinte–vente
cuanto–canto   suave–sabe   deudo–dedo   hay–a
gracia–grasa   pieza–pesa   nieto–neto   traigo–trago
apuesto–apesto   barrio–barro   recio–rezo   paisaje–pasaje
ensueño–enseño   cualidad–calidad   peina–pena   causa–casa
guardia–guarda   viajar–bajar

Actividad 6

Escriba dos palabras diferentes usando cada vocal o diptongo.

1. a   6. eu   11. ie
2. ai   7. e   12. au
3. ei   8. u   13. io
4. o   9. ue   14. i
5. oi   10. uo   15. ia

Conceptos: Los diptongos.

1. Hay ＿＿＿ clases de vocales en español.
2. Las vocales fuertes son ＿＿＿ , ＿＿＿ y ＿＿＿ .
3. Las vocales débiles son ＿＿＿ y ＿＿＿ .
4. Las siguientes combinaciones de vocales pueden formar diptongos:
   una ＿＿＿ ＿＿＿ y una vocal débil
   una vocal débil y una vocal ＿＿＿
   una ＿＿＿ débil y una ＿＿＿ débil.
5. No forman diptongo una vocal ＿＿＿ y una vocal ＿＿＿ .
6. Un diptongo tiene ＿＿＿ sonidos.
7. La vocal que predomina es la vocal ＿＿＿ .

F. LA _U_ MUDA EN COMBINACIÓN CON OTRAS VOCALES.

Regla: Cuando la _u_ es muda _no_ forma diptongo con otra vocal.
          Sólo se oye un sonido.

Ejemplos: palabras con _u_ muda   sonido que se oye

            guerra   e
            porque   e
            guitarra   i
            seguimos   i

Recuerde: La _u_ es muda sólo en las siguientes combinaciones:
            que   qui   gue   gui

Actividad 7

Subraye todas las palabras que no _tengan diptongo._
(Recuerde que una diéresis sobre una u _la hace sonar.)_

1. pingüino   6. paraguas   11. guapo
2. cuento   7. que   12. guisado
3. Guillermo   8. bilingüe   13. busque
4. pague   9. queso   14. cuarto
5. deuda   10. huevo   15. Guadalajara

G. LOS DIPTONGOS Y LA DIVISIÓN DE SÍLABAS.

Regla: Las vocales que forman diptongo son parte de la misma sílaba.

Ejemplos: _palabra_   _división de sílabas_

            jueves   jue-ves
            fiesta   fies-ta
            piedra   pie-dra
            división   di-vi-sión

Regla: Las vocales que no forman diptongo *no* son parte de la misma sílaba.

Ejemplos: teatro   te-a-tro
            león   le-ón
            creer   cre-er

Actividad 8

Escriba las 10 palabras de este ejercicio. Estudie las divisiones en sílaba y escriba la división correcta.

1. miércoles	miér-co-les	mi-ér-co-les
2. jaula	ja-u-la	jau-la
3. territorio	te-rri-to-ri-o	te-rri-to-rio
4. marea	ma-rea	ma-re-a
5. caen	caen	ca-en
6. abuelo	a-bue-lo	a-bu-e-lo
7. cincuenta	cin-cuen-ta	cin-cu-en-ta
8. preciosa	pre-ci-o-sa	pre-cio-sa
9. toalla	toa-lla	to-a-lla
10. ambición	am-bi-ción	am-bi-ci-ón

II. *CÓMO SE ESCRIBE*

Lista #3

Palabras que deben saberse

1. bien	11. di
2. muy	12. dio
3. más	13. vi
4. mucho	14. vio
5. vengo	15. hago
6. viene	16. hace
7. y	17. hizo
8. pues	18. por
9. así	19. para
10. es	20. allí

Actividad 1

1. *Copie las palabras de la lista #3.*

2. *Prepárese para escribir las 20 palabras sin consultar esta lista cuando las dicte la maestra.*

Actividad 2

1. En las lista #3, encuentre las palabras que tengan diptongo.
2. En la lista #1, encuentre las palabras que tengan diptongo.
3. En la lista #3, encuentre las palabras que tengan acento escrito.
4. Encuentre las palabras que tengan una letra muda.
5. Encuentre una palabra que se escriba con *zeta*.
6. Encuentre una palabra que rime (that rhymes) con la palabra *vi*.
7. Encuentre las palabras que terminen con la letra *i griega*.

Actividad 3

Sin consultar las listas #1, #2, y #3, escriba los equivalentes españoles de las siguientes palabras inglesas:

1. here   2. there   3. I am   4. and   5. a lot, much

Actividad 4

Escoja la forma correcta entre las siguientes alternativas:

1. mucho, muncho, musho
2. hico, hiso, hizo
3. vene, veine, viene
4. di, dí, dy
5. mui, muy, múy
6. para, pada, pará
7. vio, voi, vío
8. pues, puss, peus
9. venjo, viengo, vengo
10. hase, haze, hace

Actividad 5

Todas las siguientes oraciones contienen algún error de ortografía. Escriba las oraciones y corrija el error que se encuentra en cada una. Todos los errores se encuentran en palabras tomadas de las listas #1, #2, y #3.

1. Margarita estudia muncho todos los días.
2. Aqí no hay nada.
3. Ay está Pedro afuera.
4. Carlos i María se fueron a su casa.
5. ¡Qué bein habla inglés Marta!
6. El teine más amigos que yo.
7. Yo no quero ver a Pablo.
8. ¿Tú qué cres que va a pasar?
9. Ella pasó porr aquí a las once.
10. Yo no leyo muy bien en francés.

ESTRUCTURA

1. *LA FORMACIÓN DE PLURALES: LOS SUSTANTIVOS (NOUNS)*

A. REGLA GENERAL: *SUSTANTIVOS QUE TERMINAN EN VOCAL.*

A los sustantivos que terminan en vocal se les agrega una <u>s</u> para formar el plural.

Ejemplos:

Singular	*Plural*
casa	casas
perro	perros
puerta	puertas

B. REGLAS GENERALES: *SUSTANTIVOS QUE TERMINAN EN CONSONANTE.*

1. Sustantivos que terminan en consonante que no sea <u>z</u>.

A los sustantivos que terminan en consonante que no sea <u>z</u> se les agrega *-es* para formar el plural.

Ejemplos:

Singular	*Plural*
papel	papeles
árbol	árboles
mar	mares
ciudad	ciudades

2. Sustantivos que terminan con <u>z</u>.

Los sustantivos que terminan con <u>z</u> cambian la <u>z</u> a <u>c</u> antes de agregar *-es*.

Ejemplos:

Singular	*Plural*
luz	luces
lápiz	lápices
pez	peces

Actividad 1

Escriba el plural de los siguientes sustantivos:

1. ángel
2. piedra
3. teatro
4. clase
5. universidad
6. cruz
7. animal
8. máquina
9. silla
10. cárcel

Actividad 2

Escriba el singular de los siguientes sustantivos:

1. calendarios
2. vacas
3. amores
4. veces
5. actividades
6. automóviles
7. líneas
8. informes
9. cucharas
10. bibliotecas

II. *LA FORMACIÓN DE PLURALES: LOS ADJETIVOS*

A. REGLA GENERAL:

Los adjetivos forman el plural igual que los sustantivos.

B. REGLAS GENERALES:

1. Adjetivos que terminan en vocal.

A los adjetivos que terminan en vocal se les agrega una *s* para formar el plural.

Ejemplos:	*Singular*	*Plural*
	rico / rica	ricos / ricas
	tonto / tonta	tontos / tontas

2. Adjetivos que terminan en consonante que no sea *z*.

A los adjetivos que terminan en consonante que no sea *z* se les agrega *-es* para formar el plural.

Ejemplos:	*Singular*	*Plural*
	azul	azules
	general	generales
	español	españoles

3. Adjetivos que terminan con *z*.

Los adjetivos que terminan en *z* cambian la *z* a *c* antes de agregar *-es*.

Ejemplos:	*Singular*	*Plural*
	atroz (atrocious)	atroces
	feroz (ferocious)	feroces
	veloz (rapid)	veloces

Actividad 1

Escriba el plural de los siguientes adjetivos:

1. interesante
2. responsable
3. inteligente
4. terrible
5. hermosa
6. guapo
7. millonario
8. rojo
9. milagroso
10. amarilla
11. frecuente
12. trabajadora
13. simpático
14. cariñoso
15. valiente

Actividad 2

Escriba el singular de los siguientes adjetivos:

1. dedicados
2. verdes
3. preciosas
4. difíciles
5. generosas
6. rebeldes
7. blancos
8. estudiosas
9. fáciles
10. cobardes
11. universales
12. ridículos
13. divertidos
14. ruidosas
15. complicados

Conceptos: La formación de plurales.

1. Para formar el plural de un sustantivo o de un adjetivo, se agrega _____ si la palabra termina en vocal.

2. Para formar el plural de un sustantivo o de un adjetivo, se agrega -*es* si la palabra termina en _____ que no sea _____ .

3. Si un sustantivo o un adjetivo termina en z, se cambia la z a _____ antes de agregar _____ para formar el plural.

LECTURA

PRÁCTICAS AL NIVEL DE LA ORACIÓN

Algunas palabras en inglés sobre el proceso de la lectura.

While zeroing in on word meanings is an important skill, most of the time you will be reading many words together, not a few words alone. Ordinarily, you read sentences organized into paragraphs and then into larger segments. Each sentence contributes specific details to the main subject of the reading. In this section, you will practice working with ideas in sentences. This will help you to focus on the main idea a sentence contains.

Remember: Read each sentence silently. Do not translate.

Actividad 1

En otro papel escriba el número de las oraciones que expresen algo que ya ocurrió.

1. Juan siempre habla con sus papás un rato antes de acostarse.
2. Cuando yo era niña, me gustaba mucho jugar a las escondidas.
3. Anoche no llegamos hasta muy tarde.
4. El profesor anunció que el examen sería el viernes.
5. El policía siguió al hombre sospechoso.
6. Ramón piensa ir a la feria pronto.
7. El gobernador llegó con una hora de retraso.
8. Es importante que todos los estudiantes se concentren en sus estudios.

Actividad 2

Explique en sus propias palabras lo que expresa cada una de las siguientes oraciones. Todas son instrucciones para el estudiante.

1. Subraye todas las palabras.
2. Conteste las preguntas que se presentan a continuación.
3. Lea en voz alta.
4. Complete los siguientes blancos.
5. Marque la alternativa que mejor conteste la pregunta.
6. Prepárese para escribir cuando se lo pida su profesor.
7. Utilice cada una de las siguientes palabras en una oración original.
8. Escriba el concepto opuesto de las siguientes palabras.
9. Comente en pro o en contra.
10. Haga un resumen de las siguientes ideas.

Actividad 3

Estudie cuidadosamente la oración principal. Escoja la oración que mejor *exprese la causa probable del hecho indicado en la oración principal.*

Ejemplo: Oración principal: Elena perdió un paquete en el autobús.
1. Pasó mucho tiempo en el autobús y había mucha gente.
2. Llevaba muchos otros paquetes y olvidó uno.

Respuesta: Llevaba muchos otros paquetes y olvidó uno.

A. Oración principal: Margarita usa lentes para leer.
1. Margarita ya no ve bien.
2. A Margarita le gustan los lentes obscuros.

B. Oración principal: A Cristina no la dejan salir con muchachos todavía.
1. A Cristina no le gustan los muchachos de su escuela.
2. Los papás de Cristina se criaron en México y tienen otras ideas.

C. Oración principal: Julio no quiere que su esposa trabaje.
1. Julio cree que las mujeres deben quedarse en la casa.
2. La esposa de Julio no quiere trabajar fuera de su casa.

D. Oración principal: Juan se sacó una calificación muy baja en su experimento de química.
   1. La maestra de química llegó aquí el año pasado.
   2. No escribió bien el informe sobre su experimento.

E. Oración principal: La familia Sánchez ya no habla español en la casa.
   1. Los niños más chicos nunca aprendieron español.
   2. La familia Sánchez vive en una casa de dos pisos al sur de la ciudad.

Actividad 4

En otro papel escriba el número de las oraciones que expresen una opinión positiva sobre el cine y la televisión.

1. Los niños no deberían ver tanta televisión.
2. Las series como *Roots* y *Holocaust* recibieron muchos premios.
3. Es bueno poder descansar después de un día de trabajo y ver un programa entretenido.
4. El nivel artístico de las películas es cada día más alto.
5. Mucha de la violencia que existe en el mundo moderno se debe a la influencia de la televisión.
6. Lo bueno de los programas bilingües en la televisión es que permiten ver que las culturas de grupos de diferentes orígenes también tienen valor.
7. Algunas de las últimas películas han presentado a la mujer moderna como es muchas veces en la vida real y no como muñequita tonta.

Actividad 5

Encuentre todas las oraciones que expresen la misma idea general *que la idea principal.*

A. Idea principal: No se puede ganar dinero en la vida sin trabajar.
   1. Los que ganan dinero en la vida trabajan.
   2. Lo mejor es poder vivir sin trabajar.
   3. Sin dinero, no hay trabajo.
   4. Sin trabajar, no se puede ganar dinero.

B. Idea principal: Nadie es tan importante como los padres de una persona.
   1. Los padres de las personas deben respetarse.
   2. A los padres les deben de interesar las personas.
   3. Los padres quieren ser importantes para todos.
   4. Las personas más importantes en la vida de una persona son los padres.

C. Idea principal: La educación es cada día más importante en la vida de los jóvenes.
   1. Los jóvenes necesitan educarse.
   2. Los jóvenes son educados.
   3. Todos los días hay que educarse.
   4. Los jóvenes son importantes para la educación.

D. Idea principal: La experimentación con drogas puede traer consecuencias serias.
   1. Es necesario experimentar en la vida.
   2. Las consecuencias siempre son serias.
   3. Todas las drogas son experimentales.
   4. Puede ser peligroso experimentar con drogas.

E. Idea principal: El control de la población es un problema serio para los países del tercer mundo.
   1. Los países del tercer mundo son un problema serio.
   2. Los países del tercer mundo tienen un problema de sobrepoblación.
   3. La población es importante en el país.
   4. Hay que controlar la sobrepoblación en los países del tercer mundo.

ESCRITURA/COMPOSICIÓN

I. *USO DE PLURALES EN LA COMPOSICIÓN*

REGLA: LA CONCORDANCIA (AGREEMENT) DE ADJETIVOS Y SUSTANTIVOS.

Resumen:

sustantivos	adjetivos
singular	singular
plural	plural

Ejemplos:

Lo incorrecto	*Lo correcto*
1. Los animales grande son peligrosos.	Los animales grandes son peligrosos.
2. La niña hermosas es mi hermana.	La niña hermosa es mi hermana.

II. *COMPOSICIÓN*

Actividad 1

Para desarrollar la habilidad de corregir errores en sus composiciones originales, corrija todos los errores de pluralización (formación de plurales) y de concordancia (agreement) que se encuentren en el siguiente pasaje. Escriba el párrafo completo en otro papel.

Margarita es una chica lindas y simpática. Tiene dos hermanas mayors muy hermosa. Estudian en una escuela especiales porque quieren ser músicas profesionals. Ayer, Margarita visitó las clase de sus hermanas. Conoció a mucho estudiantes muy inteligente y simpáticos. Un muchacho altos le pareció muy guapo. Hablaron un poco de los instrumentos musical que sabe tocar. Antes de despedirse quedaron de verse en los conciertos semanals.

Actividad 2

Cambie todos los sustantivos y adjetivos al plural. Haga otros cambios según sea necesario.
Sólo contarán los errores de pluralización.

1. El elefante gris quería comprar un helado.
2. La máquina de escribir está arriba de la mesa verde.
3. El perro de la nena se comió la galleta.
4. Esta lección es difícil.
5. La voz se oyó muy bien.
6. Apaga la luz, por favor.
7. La regla general es fácil.
8. Dame el papel.
9. El ángel se apareció ayer.
10. El convertible rojo de Pedro se perdió.

Actividad 3

Escriba cinco oraciones originales que tengan adjetivos y sustantivos usados en el singular.

Actividad 4

Cambie cada una de las oraciones de la Actividad 3 al plural.

CAPÍTULO IV

Al terminar este capítulo, el estudiante podrá:

ORTOGRAFÍA
- dar las tres razones por las cuales se usa un acento escrito en español
- explicar cómo se usa el acento escrito para romper un diptongo
- usar el acento escrito que rompe el diptongo en las palabras que lo necesiten
- indicar cuándo se usa el acento escrito para romper un diptongo y cuándo se usa por otra razón
- escribir correctamente las 20 palabras de la sección CÓMO SE ESCRIBE

VOCABULARIO
- dar el equivalente en español de la lista de palabras inglesas incluidas en la sección LOS NÚMEROS
- contar cómodamente usando los números en español
- escribir cifras varias usando palabras españolas

LENGUA
- comentar sobre la diferencia entre la lengua formal y la lengua informal
- comentar sobre el uso apropiado de la lengua

ACTIVIDAD ORAL
- observar las diferencias entre la lengua escrita y la lengua hablada
- demostrar cómo cambia la lengua hablada en varias situaciones

ORTOGRAFÍA

I. *EL ACENTO ESCRITO EN ESPAÑOL*

El acento escrito se usa en español para:

1. romper un diptongo
2. diferenciar palabras iguales
3. indicar dónde cae el golpe en una palabra

Las reglas de cada uno de los tres usos son diferentes.

II. *EL ACENTO ESCRITO USADO PARA ROMPER UN DIPTONGO*

A. REGLA DE REPASO:

Un diptongo en español es una combinación de:

una vocal fuerte	y	una vocal débil
una vocal débil	y	una vocal fuerte
una vocal débil	y	una vocal débil

B. REGLA: ACENTOS PARA ROMPER EL DIPTONGO.

El acento escrito se usa para indicar que una combinación de

vocales $\begin{cases} \text{fuerte} + \text{débil} \\ \text{débil} + \text{fuerte} \\ \text{débil} + \text{débil} \end{cases}$ *no es diptongo*.

Ejemplos:

Diptongo	*Ejemplo*	*Acento que rompe el diptongo*	*Ejemplo*
ia	estudia (es-tu-dia)	ía	María (Ma-rí-a)
ai	baile	aí	país
ei	veinte	eí	increíble
uo	antiguo	úo	continúo
ua	agua	úa	continúa
io	Mario	ío	tío

C. REGLA: DÓNDE SE PONE EL ACENTO ESCRITO.

Para indicar que una combinación de vocales *no es diptongo*, se usa un acento sobre la vocal *débil*.

Ejemplos: decía
río
Raúl
continúa

D. REGLA: CÓMO SABER QUÉ TIPO DE ACENTO ES.

Si hay acento escrito sobre una vocal débil cuando está sola (rubí, Perú), NO ES UN ACENTO QUE ROMPE UN DIPTONGO.

Escriba los ejercicios que siguen en una hoja de papel.

Actividad 1

Repita con su profesor los siguientes sonidos:

1. ia, ía	6. ou, oú
2. ie, íe	7. ue, úe
3. ai, aí	8. io, ío
4. ei, eí	9. eu, eú
5. au, aú	10. oi, oí

Actividad 2

Divide your paper into three columns as shown in the example below. Group the words in this exercise according to the sound of i + a. *Group 1: words where* i + a *sounds like the word* estudia. *Group 2: words where* i + a *sounds like the word* María.

Ejemplos: *Palabra*   *Grupo 1*: suena como *estudia*   *Grupo 2*: suena como *María*

         decía

         limpia   limpia   decía

1. familia	6. todavía
2. fotografía	7. secretaria
3. novia	8. García
4. india	9. gracias
5. tía	10. viaje

Actividad 3

Pronuncie las siguientes palabras en voz alta con su maestra. Recuerde: si la i *o la* u *se oyen con fuerza, no hay diptongo.*

1. tío	6. ríe	11. novio
2. indio	7. diente	12. Mario
3. oigo	8. oído	13. anuncio
4. librería	9. raíz	14. resfrío
5. mía	10. ciencia	15. cambia

Actividad 4

Copie las palabras de la Actividad 5 que no tengan *sonido de diptongo. Ponga los acentos que correspondan sobre las vocales débiles.*

Actividad 5

Lea las siguientes oraciones con cuidado. Decida si las palabras subrayadas necesitan acento para romper el diptongo. Escriba las oraciones y ponga acentos donde correspondan.

1. Maria decia que tenia una tia viuda.
2. Nadie queria una novia fea.
3. La secretaria era espia del funcionario.
4. Yo continuo queriéndote.
5. Ella comia todo el dia sentada en su piano.
6. Ese pais no tiene judios.
7. El calendario es un misterio.
8. El patio de la casa mia está sucio.

Actividad 6

Escriba las palabras de la siguiente lista. Subraye las palabras que tienen acento para romper el diptongo.

1. después	6. quién	11. escribió
2. también	7. increíble	12. escribía
3. filosofía	8. océano	13. sílaba
4. geometría	9. león	14. único
5. cuándo	10. dímelo	15. bambú

III. *CÓMO SE ESCRIBE*

Lista #4

Palabras que deben saberse

1. uno	11. once
2. dos	12. doce
3. tres	13. trece
4. cuatro	14. catorce
5. cinco	15. quince
6. seis	16. dieciséis
7. siete	17. diecisiete
8. ocho	18. dieciocho
9. nueve	19. diecinueve
10. diez	20. veinte

Actividad 1

Copie las palabras que aparecen en la lista #4.

Actividad 2

1. Encuentre las palabras que tengan diptongo.
2. Encuentre las palabras que tengan diptongos en los cuales la vocal fuerte va primero.
3. Encuentre las palabras que tengan diptongos en los cuales la vocal débil va primero.
4. Encuentre las palabras que tengan dos diptongos.
5. Encuentre la palabra que tenga una *u* muda.

Actividad 3

1. Examine la palabra *dieciséis*. ¿Rompe el diptongo este acento?
2. Examine las palabras *seis* y *siete*. ¿Tienen las dos el mismo diptongo?
3. Examine los siguientes pares de palabras: *dos/doce, tres/trece*. ¿A qué conclusión llega usted sobre el uso de la s y de la c?

Actividad 4

Escriba las siguientes oraciones corrigiendo los errores de ortografía. No todas las oraciones contienen errores.

1. Pedro tiene quinse ratoncitos en veinte jaulas.
2. La hermana de María tiene deiciocho años.
3. ¿Tienes nueve o deiz libros?
4. Quiero que vengas a las cuarto y cuarto.
5. Hay onse muchachos y cuatorce muchachas en esta clase.
6. No voy a estar aquí el síes y el siete de octubre.
7. Ella cometió decisiete errores.
8. Hay veinte preguntas en el examen.
9. La mamá de Pedro quería comprar osho platos.
10. Ayer cumplió Irene qince años.

VOCABULARIO

I. *LOS NÚMEROS: PALABRAS CLAVES*

In your vocabulary notebook, write out the Spanish term for each word given below. When you have finished, check yourself in the section PALABRAS EN USO.

PALABRAS CLAVES

1. thirty	11. four hundred
2. forty	12. five hundred
3. fifty	13. six hundred
4. sixty	14. seven hundred
5. seventy	15. eight hundred
6. eighty	16. nine hundred
7. ninety	17. one thousand
8. one hundred	18. one million
9. two hundred	19. one billion
10. three hundred	20. one trillion

II. *PALABRAS EN USO*

A. FAMILIAS NUMÉRICAS: NÚMEROS DE UNO A NOVECIENTOS.

1, 11, 100	uno, once, cien
2, 12, 20, 200	dos, doce, veinte, doscientos
3, 13, 30, 300	tres, trece, treinta, trescientos
4, 14, 40, 400	cuatro, catorce, cuarenta, cuatrocientos
5, 15, 50, 500	cinco, quince, cincuenta, quinientos
6, 16, 60, 600	seis, dieciséis, sesenta, seiscientos
7, 17, 70, 700	siete, diecisiete, setenta, setecientos
8, 18, 80, 800	ocho, dieciocho, ochenta, ochocientos
9, 19, 90, 900	nueve, diecinueve, noventa, novecientos

B. ALGUNOS NÚMEROS MAYORES DE MIL.

1000, 1003, 1028	mil, mil tres, mil veintiocho
2000, 12,534	dos mil, doce mil quinientos treinta y cuatro
14,000	catorce mil
50,000, 700,877	cincuenta mil, setecientos mil ochocientos setenta y siete
one million	un millón
two million	dos millones
two billion	dos billones
thirteen billion	trece billones

C. LOS NÚMEROS EN INGLÉS Y EN ESPAÑOL.

El uso de *y* / the use of *and*

El inglés *no* usa *and* en los números de 20 a 100	El español *sí* usa *y* en los números de 20 a 100
21 twenty-one	veinte *y* uno
34 thirty-four	treinta *y* cuatro
66 sixty-six	sesenta *y* seis
95 ninety-five	noventa *y* cinco

El inglés *sí* usa *and* en los números de 100 a 1000	El español *no* usa *y* en los números de 100 a 1000
101 one hundred *and* one	ciento uno
103 one hundred *and* three	ciento tres
220 two hundred *and* twenty	doscientos veinte
540 five hundred *and* forty	quinientos cuarenta

Actividad 1

Escriba en palabras los siguientes números:

1. 400
2. 600
3. 35
4. 67
5. 1000
6. 1977
7. 39
8. 950
9. 870
10. 77

Actividad 2

Comente acerca de las diferencias subrayadas en las siguientes palabras:

1. s<u>e</u>is, s<u>e</u>senta, s<u>e</u>iscientos
2. s<u>i</u>ete, s<u>e</u>tenta, s<u>e</u>tecientos
3. n<u>u</u>eve, n<u>o</u>venta, n<u>o</u>vecientos
4. tr<u>e</u>s, tr<u>ei</u>nta, tr<u>e</u>scientos

Actividad 3

Explique el parecido y la diferencia en los siguientes grupos:

1. cinco, quince, cincuenta, quinientos
2. cuatro, catorce, cuarenta, cuatrocientos

Actividad 4

Escriba las siguientes oraciones cambiando los números a palabras:

1. Hay <u>53</u> pupitres en este salón de clase.
2. La escuela tiene <u>3800</u> alumnos y <u>325</u> maestros.
3. En el coro del segundo año, hay <u>47</u> muchachas.
4. En el año <u>1986</u>, todos los alumnos tendrán que estudiar geometría, química, y literatura inglesa.
5. Un paquete de papel de carpeta generalmente contiene <u>1000</u> hojas.

Actividad 5

Cuente de diez en diez empezando con el número uno y acabando con el número cien.

Actividad 6

Cuente de cien en cien empezando con el número cien y acabando con el número mil.

Actividad 7

Cuente de cinco en cinco empezando con el número doscientos y acabando con el número trescientos.

LENGUA

FORMAL AND INFORMAL LANGUAGE

Many students from Spanish speaking homes don't have much confidence in their ability to speak Spanish. Some feel tongue-tied when they are called upon to say something in Spanish; others are quite certain that everything they say will be "bad" Spanish, "slang," or just plain incorrect. It is not surprising that such negative attitudes exist. After all, most students have grown up speaking English. Indeed, many of them may have started school speaking only Spanish, but have now become so fluent and comfortable in English that they feel impatient at their limited vocabulary in Spanish. And *of course* their vocabulary in Spanish is limited! Think how many hours of the day they have spent in English-language schools, reading English-language books, watching English-language television, and responding to an English-language world around them! If Spanish exists in their lives at all, it exists at home, with family, perhaps at church; but it is seldom the language commonly used in most school and work activities.

The results of this are interesting. Language only grows and develops to the degree that it is used. So, since Spanish is used mainly among friends and family, the level of that language which has developed well is the informal level, that is, the type of language that is used to talk about everyday things, to joke, to tell about what happened, to tease, etc. The type of language that has not developed as fully is the kind of Spanish that is normally used in formal situations: to give a formal lecture, to give a political speech, to give a report in class, to write a term paper, to carry on a conversation with an adult from Latin America.

But let's examine this further. Both levels of language are absolutely essential. One level is not better than another. Each has its own kinds of uses appropriate to different kinds of situations. Although most students are not aware of it, they are normally quite competent in these two kinds of English. For example, most students know that in calling a school assembly to order a student body president might say, "Would this meeting please come to order," or "May I have your attention, please." Unless everyone was supposed to laugh at what a hard time he/she was having, this person would not say, "Hey, you guys, shut up," since that is not the accepted way of calling the meeting to order.

Similarly, every student reading this can determine which of the following statements might be appropriate in formal situations or for speaking to an adult you want to impress, and which of the statements would be used when talking to friends, when you are in a hurry, or when you are simply being "normal." Carefully read the statements that follow and then compare notes with your classmates about whether they think the statements are appropriate.

1. Have a seat.
2. Won't you please be seated.
3. Is this the Smith residence? May I speak to John, please?
4. Is Patti home?
5. Been fishin' lately, Fred?
6. Whatcha been up ta lately?

7. Ain't he the cutest thing?
8. Isn't he the cutest thing?
9. Please extinguish all illumination before leaving.
10. Please turn off the lights before you go.
11. Tom, meet Harry.
12. Tom, I'd like you to meet my friend Harry.
13. Mr. Jones, may I introduce Harry Smith.

You may notice that, except for one sentence, all of the above statements are examples of "good" English. Of course, it is also clear that not all of them would be appropriate to the written language. As we know, the person who says "Whatcha doin'?" writes: *What are you doing?* And the person who says "Ya gonna go?" writes: *Are you going to go?* Informal language does not have to follow the same rules as formal language or written language.

Returning to our remarks about Spanish, then, we should distinguish between the kind of language that is really "incorrect" (for example: *yo hablamos espanol* which no native speaker would *ever* say) and language which is typical of informal speech. For this reason, we ask that students not be hasty about labeling their own Spanish as bad. We hope to point out:

1. how written language differs from spoken language;
2. what kinds of language are appropriate to what kinds of situations;
3. what kinds of language have low prestige because of existing social attitudes; and
4. what kinds of language are *really* incorrect because no native speaker would ever say them.

ACTIVIDAD ORAL

1. Traiga a clase un artículo escrito en español tomado de un periódico o de una revista. Lea parte del artículo a la clase y luego hable del artículo en sus propias palabras. Observe cómo cambia el estilo de lo escrito y de lo hablado.

2. Presentaciones dramáticas:

   A. Usted y un compañero hablan de una muchacha bonita. Hagan una presentación oral. Use el lenguaje típico de tales situaciones.

   B. Usted habla con su mamá de la misma muchacha. Escoja una compañera que haga el papel de su mamá y represente la situación usando el lenguaje apropiado.

   C. Dos amigas están platicando de un vestido que acaban de ver.

   D. En una exhibición de modas, usted es la anunciadora que describe los vestidos de las modelos. En su presentación deje claro cómo es diferente la lengua en este caso a la que se usó en la presentación C.

   E. Escriba un monólogo breve que presente a una persona muy educada.

CAPÍTULO V

Al terminar este capítulo, usted podrá:

ORTOGRAFÍA

- dividir palabras en sílabas
- distinguir entre una división hecha incorrectamente y una división hecha correctamente
- dar un resumen de las reglas de división
- identificar qué grupos de letras pueden formar sílabas españolas
- escribir correctamente las 20 palabras de la sección CÓMO SE ESCRIBE
- recordar los aspectos más importantes de los acentos que rompen un diptongo

LECTURA

- leer pasajes breves que contengan cognados y contestar preguntas sobre la idea principal

ESTRUCTURA

- identificar el género de los sustantivos según el uso del artículo
- identificar el género de los sustantivos masculinos que terminan en _o_ y de los sustantivos femeninos que terminan en _a_
- identificar el género de los sustantivos que terminan en _a_ y no son femeninos
- identificar el género de los sustantivos que terminan en _o_ y no son masculinos

ESCRITURA/COMPOSICIÓN

- identificar la concordancia de género de los sustantivos con los adjetivos que los describen
- corregir errores de concordancia de género
- escribir oraciones originales con atención al uso de género

ORTOGRAFÍA

I. *LA DIVISIÓN DE PALABRAS EN SÍLABAS*

A. REGLAS BÁSICAS

1. Cada sílaba tiene que tener por lo menos una vocal.

2. Cada sílaba comienza con consonante cuando sea posible.

Ejemplos: *Palabra*   *División en sílabas*
como   co-mo
jueves   jue-ves
sábado   sá-ba-do

B. REGLA: PALABRAS QUE EMPIEZAN CON VOCAL.

Una palabra que empieza con vocal no puede comenzar la primera sílaba con una consonante.

Ejemplos: *Palabra*   *División en sílabas*
agua   a-gua
oso   o-so
enero   e-ne-ro

Actividades

Escriba los ejercicios que siguen en una hoja de papel.

Actividad 1

Divida las siguientes palabras en sílabas. Recuerde que un diptongo siempre forma parte de la misma sílaba.

1. cuenta	6. aceite	11. oro
2. paisano	7. abuelo	12. poeta
3. cuota	8. zapatos	13. vea
4. idiota	9. suben	14. realidad
5. fiesta	10. parece	15. beneficio

C. REGLA: CONSONANTES QUE SON UNA SOLA LETRA.

Las letras *ch, ll, rr* son una sola letra y nunca se separan.

Ejemplos: | *Palabra* | *División en sílabas* |
| --- | --- |
| perro | pe-rro |
| chico | chi-co |
| muchacho | mu-cha-cho |
| silla | si-lla |
| toalla | to-a-lla |
| llave | lla-ve |
| zorra | zo-rra |

D. REGLA: DOS CONSONANTES JUNTAS.

Dos consonantes juntas siempre se separan.

Excepción

No se separan los siguientes grupos de consonante + *l* o *r* :

pl	bl	fl	cl	gl		
pr	br	fr	cr	gr	tr	dr

Ejemplos: | *Palabra* | *División* | *Análisis* |
| --- | --- | --- |
| *bl*anco | blan-co | *bl*: grupo que no se separa |
| | | *n-c*: dos consonantes juntas se separan |
| o*fr*ece | o-fre-ce | *fr*: grupo que no se separa |
| li*br*o | li-bro | *br*: grupo que no se separa |
| ju*zg*ar | juz-gar | *z-g*: dos consonantes juntas se separan |
| horizo*nt*e | ho-ri-zon-te | *n-t*: dos consonantes juntas se separan |
| lá*gr*ima | lá-gri-ma | *gr*: grupo que no se separa |

E. REGLA: TRES O CUATRO CONSONANTES JUNTAS.

Tres o cuatro consonantes juntas se separan. Quedan juntos los grupos de consonante + *r* o *l*.

F. DETALLE: TRES O CUATRO CONSONANTES JUNTAS.

1. es*tr*ella	e*s*	*tr*e	*ll*a
3 consonantes *str*		grupo que no se separa	una sola letra

2. *empl*ear			
3 consonantes	e*m*	*pl*e	ar
mpl		grupo que no se separa	

3. co*nstr*ucción	co*ns*	*tr*uc	ción
4 consonantes *nstr*	n y s no se separan— s no puede formar una sílaba sola	grupo que no se separa	cc dos consonantes juntas se separan

Actividad 2

Divide your paper as indicated below. Copy the words in this exercise and the correct *syllable division of the two given. Explain why the other division is not correct.*

Ejemplos:	*Palabra*	*Divisiones*		*Análisis de división incorrecta*
	globo	glo-bo	glob-o	La división glob-o no se permite. Toda sílaba que pueda empieza con consonante.
	entra	ent-ra	en-tra	La división ent-ra no se permite. Determinados grupos de consonante + *l* o *r* no se separan.

1.	completo	com-ple-to	co-mp-let-o
2.	absoluto	abs-o-lu-to	ab-so-lu-to
3.	aspecto	as-pe-cto	as-pec-to
4.	tierra	tie-rra	tier-ra
5.	marchar	marc-har	mar-char
6.	nuestro	nues-tro	nu-es-tro
7.	María	Ma-rí-a	Ma-ría
8.	instrucción	ins-truc-ción	ins-tru-cción
9.	llamar	lla-mar	l-la-mar
10.	verdad	ve-rdad	ver-dad
11.	patria	pa-tria	pat-ria
12.	siguiente	si-gui-en-te	si-guien-te

Actividad 3

Escriba y divida las siguientes palabras en sílabas.

1.	gloria	6.	población	11.	cultura
2.	río	7.	describir	12.	aunque
3.	convertir	8.	microscopio	13.	guerra
4.	ejército	9.	español	14.	aeropuerto
5.	sueño	10.	leemos	15.	rellenar

Actividad 4

Escriba 10 palabras tomadas del VOCABULARIO ESCOLAR, *capítulos 1 y 2.*
Divida las palabras en sílabas.

Conceptos: La división en sílabas.

1. Cada sílaba comienza con una _____ cuando sea posible.
2. Cada sílaba tiene que tener por lo menos una _____ .
3. Las consonantes *ch, ll,* y *rr* no se separan porque son _____ .
4. No se separan los siguientes grupos de consonantes: _____ .
5. Tres o cuatro consonantes juntas _____ .

Actividad 5

Escriba los grupos que pueden ser sílabas españolas.

1. tpe		6. ten	
2. com		7. bro	
3. prt		8. pla	
4. lee		9. fie	
5. la		10. nstl	

II. *CÓMO SE ESCRIBE*

Lista #5

Palabras que deben saberse

1. después		11. casi	
2. aunque		12. eres	
3. azúcar		13. pude	
4. bueno		14. puse	
5. difícil		15. iba	
6. fácil		16. mujer	
7. desde		17. agua	
8. domingo		18. ahora	
9. día		19. cada	
10. debajo		20. hoy	

Actividad 1

Copie las palabras que aparecen en la lista #5.

Actividad 2

1. Encuentre las palabras que lleven acento para romper el diptongo.
2. Encuentre las palabras que lleven acento por otra razón.
3. Encuentre las palabras que tengan diptongo.
4. Encuentre la palabra que tenga una <u>u</u> muda.

Actividad 3

1. Use las siguientes palabras en una oración original:

después, desde, ahora, aunque, iba.

2. Encuentre una palabra en la lista #5 que rime con cada una de las siguientes palabras:

nada   tía   doy   trueno   besaba   trabajo

Actividad 4

Escriba y complete las siguientes oraciones con palabras de la lista #5. Puede haber dos palabras que queden en la misma oración.

1. La _____ lloró al despedirse de su hijo.
2. Juan ya se _____ cuando vio a Pedro.
3. _____ es lunes.
4. No sé dónde _____ mi cartera.
5. _____ que se fue María, no hemos puesto el radio.
6. ¡Qué _____ que ganamos el juego!
7. Estuve despierto _____ toda la noche.

Actividad 5

Cada una de las palabras de la siguiente lista contiene un error. Escriba las palabras y corrija el error.

1. facíl	6. oy	11. weno
2. dificil	7. anque	12. heres
3. asúcar	8. estava	13. despúes
4. puce	9. muher	14. aora
5. iva	10. awa	15. debaho

III. *REPASO*

ACENTOS QUE ROMPEN EL DIPTONGO.

Actividad 1

Las siguientes palabras necesitan acento para romper el diptongo. Escriba las palabras y ponga acentos donde correspondan.

1. comprendia	6. paraiso
2. frio	7. alegria
3. actua	8. reune
4. baul	9. pais
5. oido	10. biologia

Actividad 2

Dé un ejemplo de una palabra que contenga cada uno de los siguientes sonidos.

1. ue   6. eu
2. ia   7. aí
3. ía   8. aú
4. ío   9. au
5. io   10. ei

Actividad 3

Escriba las siguientes oraciones y ponga acentos en las palabras que los necesiten.

1. Pedro no queria comprar dulces.
2. Era mediodia cuando llegaron.
3. Juan es medio tonto para esos juegos.
4. Todavia no somos amigos.
5. La sociologia estudia la sociedad.

LECTURA

Algunas palabras en inglés sobre el proceso de la lectura.

Reading with Cognates

Cognates are words in different languages that are derived from a common ancestral language. For example, English and Spanish both use words that are derived from the same Latin form. A case in point is the Latin word *informare* used in English as *inform* and in Spanish as *informar*.

Cognates often resemble each other in writing, although in speech they may sound somewhat different. Such words not only look alike, they also have related or similar meanings. For example, examine the following cognates:

democracy	democracia
preliminary	preliminar
opportunity	oportunidad

As you begin to read at the sentence and paragraph levels, it is important that you learn to use cognates to your advantage. You have already seen that being able to identify word meanings rapidly is important.

As a bilingual speaker, you will be able to use your reading knowledge of English to your advantage. When reading, attempt to guess at the meaning of words that *look* familiar. In the majority of cases, the ones you find will be *true* cognates and you can make an accurate guess. You will save both time and effort deciding on the meaning of the passage you have read.

Reading vs. Translating

As you begin your reading of selections in Spanish, you may be tempted to try a word-for-word translation in order to demonstrate that you understand the reading. However, reading is not translating. Translating requires that you look at each word, that is, that you find an acceptable expression for each word in your other language. Reading, on the other hand, simply requires that you grasp *essential* meanings—you don't have to be able to identify each word exactly.

In reading in Spanish, remember the following points:

  a. Reading is not translating.
  b. Reading is understanding the main idea and supporting details of a selection.
  c. Not all readers can read aloud well.
  d. Persons who read well orally are not necessarily understanding what they are reading.
  e. Students should aim at becoming good silent readers. There are few occasions in normal adult life in which persons are asked to read aloud.

Cómo se usan los cognados

Just by looking at the cognates in a particular selection, you can usually tell the topic of the selection. You need not know all the other words, or even read the entire selection closely, to decide what its principal topic is.

In the following exercises, you will look carefully at a group of cognates and then decide in what kind of a reading such cognates would be found.

For example, words such as *planta, agricultura, insecto,* and *fertilizante* would probably be found in a reading entitled *Problemas de los agricultores,* rather than one entitled *Las vacaciones.*

Actividad 1

Look at the groups of cognates in column I. Then guess the title of the reading from which they were probably taken by looking at the choices in column II. Match groups of cognates and titles.

Column I	Column II
1. latitud, longitud, polo norte, polo sur, instrumentos, navegación	A. Cómo filmar un programa de televisión
2. termómetro, temperatura, escala Fahrenheit	B. El día que se enfermó Paco
3. revolución, política, guerrillas	C. La geometría
4. digestión, esófago, intestinos	D. Cómo sabe el capitán de un barco adónde va
	E. La música moderna

5. triángulo, círculo, rectángulo
6. continente, montaña, península
7. trompeta, violín, clarinete
8. médico, hospital, medicina
9. cámara, micrófono, director
10. radiotelegrafista, submarino, comunicación

F. Comunicaciones debajo del agua
G. Hace mucho calor hoy
H. El aparato digestivo
I. La geografía
J. Las elecciones violentas en un país sudamericano

Actividad 2

Lea los siguientes pasajes. Observe los cognados subrayados. Complete el ejercicio al final de cada selección.

1. El estudio de la ciencia es importante para el desarrollo de la tecnología en el futuro. Existen muchos problemas en el mundo moderno que necesitan solución. Por ejemplo, hay problemas de sobrepoblación, de falta de energía, de ecología, de control de la fuerza nuclear, etc. Los jóvenes de hoy tienen que prepararse para encontrar métodos que produzcan suficiente comida para la población del mundo, suficiente electricidad, gas, etc., y, sobre todo, que produzcan un mundo en donde la vida sea todavía posible.

   Esta selección habla principalmente de:
      a. la importancia de la educación para solucionar problemas futuros.
      b. el problema de la sobrepoblación y la falta de comida.
      c. la imposibilidad de la vida en el mundo de hoy.

2. La libertad religiosa es muy importante en los Estados Unidos. Algunos de los primeros colonos llegaron a este país porque querían practicar su religión sin problemas y sin dificultades. Hoy en día los diferentes grupos religiosos tienen sus templos, sus iglesias bautistas, pentecostales, metodistas, católicas, y mormonas. También se ven templos judíos. Los derechos religiosos están garantizados por la constitución americana.

   El mejor título para esta selección sería:
      a. Las iglesias que se ven en una ciudad.
      b. La mejor religión para todos.
      c. La libertad religiosa en los Estados Unidos.

3. Los pilotos de avión tienen una vida interesante. Tienen también una gran responsabilidad. Por esa razón, es importante que el piloto esté en comunicación constante con la torre de control al comenzar el vuelo y al terminarlo. Así, si hay una emergencia, el personal de la torre, puede preparar ambulancias y equipos especiales de emergencia.

   Este pasaje habla principalmente de:
      a. las ambulancias.
      b. los diferentes tipos de aviones.
      c. las responsabilidades de los pilotos.

4. El turismo es una industria importante. Los turistas que visitan un lugar gastan dinero en hoteles, restaurantes, y diversiones de muchos tipos. En Europa, por ejemplo, los turistas visitan museos, catedrales, y castillos; y en Hawaii visitan los volcanes, las playas y las plantaciones de piña. Muchos lugares dependen exclusivamente del turismo. No tienen otra industria y toda la población espera ansiosamente la llegada de los turistas. Cuando no hay turismo, no hay comida.

El mejor título de esta selección sería:
   a. El turismo en Europa.
   b. La importancia del turismo para una región.
   c. Los turistas en Hawaii.

5. En varias partes de los Estados Unidos todavía hay discriminación en contra de las personas de origen hispano. En el nordeste de los Estados Unidos, el grupo afectado es el puertorriqueño; en el suroeste, es el méxico-americano, o sea, el chicano.

En el pasado reciente, la educación que recibían estos grupos era inferior a la que recibían otros grupos. Las escuelas eran malas; los profesores no hablaban español; y los niños sufrían mucho. Algunos jóvenes no aprendían a leer bien y otros no aprendían aritmética. Muchos decidían abandonar la escuela y buscar trabajo; pero sin educación la situación era difícil.

El mejor título de esta selección sería:
   a. Los chicanos en el suroeste.
   b. Los puertorriqueños en el nordeste.
   c. La discriminación en contra del hispano y su educación.

ESTRUCTURA

I. *EL GÉNERO DE LOS SUSTANTIVOS*

A. REGLA: EL GÉNERO DE LOS SUSTANTIVOS.

Todos los sustantivos españoles tienen *género*, es decir, son masculinos o femeninos.

B. REGLA: GÉNERO MASCULINO Y GÉNERO FEMENINO.

Los sustantivos que usan los artículos *un, unos, el* y *los* son masculinos
   (con unas cuantas excepciones que se estudiarán más tarde).
Los sustantivos que usan los artículos *una, unas, la,* y *las* son femeninos.

Ejemplos:

	Género masculino		*Género femenino*	
	Singular	*Plural*	*Singular*	*Plural*
	el libro	los libros	la casa	las casas
	un libro	unos libros	una casa	unas casas
	el tío	los tíos	la tía	las tías
	un tío	unos tíos	una tía	unas tías

Actividad 1

Escriba las siguientes palabras con los artículos el, la, los *o* las *para indicar su género.*

1. muchacho
2. muchacha
3. tazas
4. plato
5. camisa
6. vestidos
7. luna
8. abuela
9. primos
10. botellas

Actividad 2

Diga cuál es el género de las siguientes palabras:

1. la noche
2. el burro
3. la cuchara
4. un tenedor
5. los cuchillos
6. unos ladrillos
7. la mantequilla
8. un limón
9. las pulseras
10. unos collares
11. el teléfono
12. la tristeza
13. las ollas
14. una máquina
15. el pato

C. RESUMEN: GÉNERO DE LOS SUSTANTIVOS QUE TERMINAN EN *A* Y *O*.

En general los sustantivos que terminan en *o* son masculinos y los sustantivos que terminan en *a* son femeninos.

Excepción 1

Las palabras que se derivan del griego (Greek) y que terminan en *a* son masculinas en la lengua formal.

Las palabras más frecuentes de este grupo son:

el clima	el dogma	el mapa	el programa
el cometa	el drama	el planeta	el síntoma
el diagrama	el enigma	el plasma	el sistema
el dilema	el fantasma	el poema	el telegrama
el diploma	el lema	el problema	el tema

Excepción 2

Hay tres palabras de uso frecuente que terminan en *o* y que son femeninas.

la mano   la foto   la moto

Actividad 3

Diga el género de las siguientes palabras:

1. oxígeno	6. cena	11. planeta	16. abeja
2. geometría	7. foto	12. pierna	17. oso
3. mesa	8. palma	13. cuello	18. aparato
4. desayuno	9. cama	14. tobillo	19. tratamiento
5. comida	10. sistema	15. muñeca	20. problema

Actividad 4

Escriba las siguientes oraciones y corrija los errores de género.

1. La programa de televisión estuvo muy violento.
2. Tengo unas platos y unas tenedores.
3. Me pegué en un mano.
4. El muchacho le escribió una poema a su novia.
5. El comida está muy fría ya.

ESCRITURA/COMPOSICIÓN

USO DE GÉNERO EN LA COMPOSICIÓN

Si un sustantivo es masculino, el adjetivo que lo describe se usa en masculino.
Si un sustantivo es femenino, el adjetivo que lo describe se usa en femenino.

Ejemplos:	*Masculino*	*Femenino*
Personas:	el tío simpático	la tía simpática
Cosas:	el libro rojo	la pluma roja

Actividad 1

Para desarrollar la habilidad de corregir errores en sus composiciones originales, escriba las siguientes oraciones y corrija los errores de género y número.

1. Juan acababa de comprar una pelota nuevo.
2. ¿Dónde queda el viejos laboratorio?
3. El equipo de fútbol es fantástica.

4. La problema es que yo no quiero ir.
5. Elisa se pegó en la mano izquierdo.
6. La abuelito de Roberto mandó una carta por correo.
7. Necesito encontrar una bolsa negro que vaya con mi vestido azules.
8. Los muchachos están en una dilema espantoso.
9. El nuevo convertible amarilla es de Maruca.
10. Los países hispanas están unidos por la lengua y la cultura.

Actividad 2

Escriba las siguientes oraciones y llene los blancos para indicar el género de los sustantivos.

1. A Juan no le gustan l _____ s caballos porque dice que son muy maños _____ s.
2. _____ sistema de depósitos de este banco es muy complicad _____ .
3. María tiene _____ diploma de un colegio de costura.
4. Júpiter es _____ planeta.
5. Alicia nunca puede comer sin poner _____ servilleta limpi _____ en la mesa.

Actividad 3

Escriba 10 oraciones originales sobre cualquier tema. Su maestra contará:

1. errores de palabras de las listas #1, 2, 3, 4 y 5.
2. errores de acentos que rompen el diptongo.
3. errores de concordancia de número y género.

CAPÍTULO VI

Al terminar este capítulo, usted podrá:

ORTOGRAFÍA
- marcar la sílaba tónica de las palabras
- identificar las sílabas como sílaba 1, sílaba 2, sílaba 3, etc.
- escribir correctamente las 20 palabras de la sección CÓMO SE ESCRIBE

VOCABULARIO
- dar el equivalente en español de la lista de palabras inglesas incluidas en la sección LAS PARTES DEL CUERPO
- describir a varias personas

LECTURA
- decifrar el significado de palabras desconocidas utilizando el contexto

ESTRUCTURA
- identificar el género de sustantivos de uso frecuente que terminan en consonante

ESCRITURA/COMPOSICIÓN
- corregir errores de número y género en descripciones físicas
- describir a un familiar en una composición de cinco oraciones.

ORTOGRAFÍA

I. *LA SÍLABA TÓNICA*

   A. LA SÍLABA TÓNICA EN UNA PALABRA.

      1. Reglas básicas sobre la sílaba tónica (the stressed syllable).

         a. Todas las palabras de más de una sílaba tienen una sílaba tónica.
         b. La sílaba tónica es la sílaba donde cae el golpe (stress) de la pronunciación.

Ejemplos: *Palabras inglesas*

Palabra	*División en sílabas*	*Sílaba tónica*
1. order	or | der	(or) | der
2. elephant	e | le | phant	(e) | le | phant
3. remember	re | mem | ber	re | (mem) | ber

Ejemplos: *Palabras españolas*

Palabra	*División en sílabas*	*Sílaba tónica*
1. Pedro	Pe | dro	(Pe) | dro
2. pelota	pe | lo | ta	pe | (lo) | ta
3. usted	us | ted	us | (ted)

2. La sílaba tónica.

   a. Es la que puede alargarse sin cambiar la palabra:
      Mar   ga   *riiiii*   ta

   b. Es la que puede pronunciarse con más énfasis sin cambiar la palabra:
      Ro   *BER*   to
      mu   *CHA*   cha

Actividades

Escriba los ejercicios que siguen en una hoja de papel.

Actividad 1

Su maestro le pedirá que pronuncie los siguientes nombres de persona como si estuviera llamando a alguien que está lejos. Observe que al llamar a alguien que está lejos (Peeeeeeedro, Enriiiiiique), la sílaba que se alarga es la sílaba tónica.

1. Tomás	4. Gilberto	7. Silvia
2. Ernesto	5. Guillermina	8. Marta
3. Verónica	6. Rosita	9. Francisco

Actividad 2

Copie cada palabra y su división en sílabas. Su maestra pronunciará las siguientes palabras exagerando la sílaba tónica. Marque la sílaba tónica en las palabras que están divididas en sílabas.

Ejemplo:

Palabra	*División/ Sílaba tónica*
elefante	e | le | (fan) | te
1. caballo	ca | ba | llo
2. personal	per | so | nal

3. disco   dis | co
4. perrito   pe | rri | to
5. papel   pa | pel
6. cuaderno   cua | der | no
7. tarea   ta | re | a
8. universidad   u | ni | ver | si | dad
9. bicicleta   bi | ci | cle | ta
10. chicharrones   chi | cha | rro | nes

Actividad 3

Copie las siguientes palabras y su división en sílabas. Pronuncie cada palabra cuidadosamente y encuentre la sílaba tónica. Marque la sílaba tónica en las palabras que están divididas en sílabas.

1. cinco   cin | co
2. ocho   o | cho
3. abuelo   a | bue | lo
4. diptongo   dip | ton | go
5. montaña   mon | ta | ña
6. escuela   es | cue | la
7. leche   le | che
8. joven   jo | ven
9. escritorio   es | cri | to | rio
10. pizarra   pi | za | rra

Actividad 4

Escriba y divida las siguientes palabras en sílabas. Pronúncielas cuidadosamente y marque las sílabas tónicas.

Ejemplo: estudiante   es | tu | (dian) | te

1. radio
2. lavadora
3. ayer
4. mañana
5. nueve
6. navidad
7. Rosario
8. presentar
9. comprender
10. arroz

B. CÓMO SE IDENTIFICAN LAS SÍLABAS.

Para identificar las sílabas en español se usa el siguiente sistema:

mu	cha	chi	ta
sílaba	sílaba	sílaba	sílaba
4	3	2	1

Actividad 5

Escriba las siguientes palabras y divídalas en sílabas. Dé el número de cada sílaba y marque la sílaba tónica.

Ejemplo: profesor   pro   fe   (sor)
                            3   2   1

            bote   (bo)   te
                          2   1

1. botella	11. comida
2. ventana	12. desayuno
3. circular	13. cenar
4. rosario	14. tenedor
5. florecita	15. cuchillo
6. examen	16. cuchara
7. puedo	17. taza
8. plumas	18. plato
9. enemigo	19. olla
10. Sandra	20. parque

Actividad 6

Escriba y complete las siguientes oraciones:

1. La sílaba 1 de la palabra *hermanito* es _____ .
2. La sílaba tónica de la palabra *novio* es _____ .
3. La sílaba 4 de la palabra *jovencito* es _____ .
4. La sílaba 2 de la palabra *llave* es _____ .
5. La sílaba tónica de la palabra *Patricia* es _____ .

Lista #6

Palabras que deben saberse

1.	también	11.	nube
2.	mañana	12.	llover
3.	clase	13.	automóvil
4.	inteligente	14.	gobierno
5.	estrella	15.	verbo
6.	todo	16.	algo
7.	buscar	17.	quitar
8.	cabeza	18.	paquete
9.	lado	19.	lugar
10.	hambre	20.	lista

Actividad 1

Copie las palabras que aparecen en la lista #6.

Actividad 2

1. Encuentre tres palabras de la lista que sean cognadas del inglés.
2. Explique la diferencia entre la ortografía de las palabras inglesas y las palabras españolas.
3. Encuentre las palabras que se escriban con *b*.
4. Encuentre las palabras que se escriban con *v*.
5. Encuentre las palabras en las cuales la letra *c* tenga el sonido de *k*.
6. Encuentre las palabras que tengan una *u* muda.
7. Encuentre las palabras que tengan otra letra muda.

Actividad 3

1. Diga cuál es la sílaba tónica de las siguientes palabras: también, automóvil, llover, lado.
2. Encuentre las palabras que sirvan de ejemplos de dos diferentes sonidos de la letra *g*.

Actividad 4

Escriba y complete las siguientes oraciones con palabras de la lista #6.

1. Las _____ están tan negras que estoy seguro de que va a _____ .
2. Tengo mucha _____ y mucha sed.
3. _____ Pedro quiere ir a esa fiesta.
4. María Elena quiere ser _____ de cine.
5. No hay _____ en la mesa para que coma otra persona.

Actividad 5

Prepárese para escribir las oraciones completas de la Actividad 4 cuando las dicte su maestro.

Actividad 6

Escriba la forma correcta.

1. intelligente   inteligente
2. automóbil   automóvil
3. gobierno   govierno
4. clase   classe
5. mañana   manana
6. qitar   quitar
7. cabesa   cabeza
8. algo   aljo
9. llober   llover
10. bucar   buscar

VOCABULARIO

I. *LAS PARTES DEL CUERPO*

En su cuaderno de vocabulario, escriba el equivalente en español de cada una de las siguientes palabras inglesas. Al terminar, revise su trabajo en la sección PALABRAS EN USO.

PALABRAS CLAVES

1. head	16. ears (inner ear)
2. face	17. shoulders
3. neck	18. chest
4. hair	19. arm
5. forehead	20. elbow
6. eyes	21. wrist
7. eyebrows	22. hand
8. eyelashes	23. waist
9. nose	24. leg
10. mouth	25. knee
11. lips	26. ankle
12. teeth	27. foot
13. cheeks	28. finger
14. chin	29. toe
15. ears	30. finger or toe nail

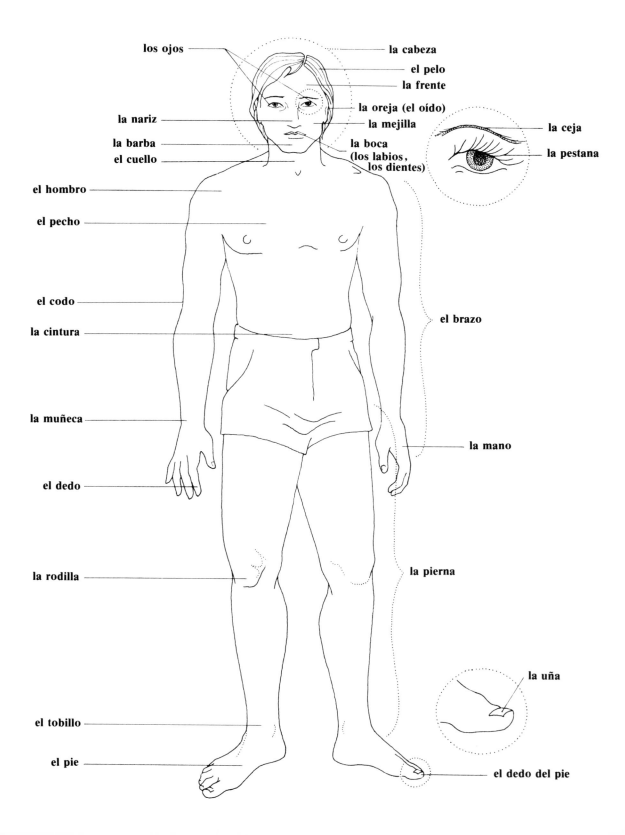

los ojos

la cabeza

el pelo

la frente

la oreja (el oído)

la nariz

la mejilla

la barba

la boca
(los labios,
los dientes)

el cuello

la ceja

la pestana

el hombro

el pecho

el codo

el brazo

la cintura

la muñeca

la mano

el dedo

la rodilla

la pierna

la uña

el tobillo

el pie

el dedo del pie

Actividad 1

1. Cambie al plural las siguientes partes del cuerpo:
   el tobillo, el pie, la ceja, el ojo, la oreja, la mano

2. Diga cuál es el género de las siguientes partes:
   uña, dedo, frente, nariz, diente, hombro

3. Use un adjetivo para describir las siguientes partes del cuerpo.

   Ejemplos: ojos *azules*
   uñas *sucias*

   a. brazo, b. pie, c. rodillas, d. frente, e. pestañas

Actividad 2

Describa oralmente a diferentes personas en su clase usando las siguientes características y otras que usted encuentre más apropiadas.

1. alto/a
2. gordo/a
3. delgado/a
4. bajo/a
5. fuerte
6. bonito/a
7. guapo/a
8. feo/a
9. rubio/a
10. moreno/a

Actividad 3

Explique la diferencia entre:

1. un tobillo y una muñeca
2. la cintura y el cuello
3. una ceja y una pestaña
4. la barba y la frente
5. la mano y el pie

Actividad 4

Escriba y complete las siguientes oraciones:

1. Pedro tiene los _____ verdes.
2. Quiero agujerarme las _____ para poder ponerme aretes.
3. La cara forma parte de _____ .
4. Juanita se lava el _____ todos los días y se lo peina con mucho cuidado.
5. El _____ gordo de la mano se llama el pulgar.

Actividad 5

Comente con su maestra y con el resto de la clase acerca de las partes del cuerpo de los animales. Complete las siguientes oraciones:

1. Las personas tienen pies; los animales tienen _____ .
2. Las personas tienen cuello; los animales tienen _____ .
3. Las personas tienen boca; los animales tienen _____ .

LECTURA

Algunas palabras en inglés sobre el proceso de la lectura.

Recognizing words in context

When we read we often run across words we do not know. Good readers can often guess the meaning of a new word according to the way it is used in a sentence or paragraph. That is, they guess according to the *context*. Students who are just beginning to read in Spanish often become very nervous if they do not know every word. They are tempted to use a dictionary immediately to look up the words that are not familiar. This is not very economical (time-wise) or efficient.

If you are a good reader of English, you usually read in phrases and guess the meanings of new words by the way they are used. Remember that you can use your English reading skills to help you learn to read Spanish.

The following passages will help you become a better reader by giving you practice in recognizing words in context. Each passage will be preceded by a *key word*. Look for the word while you read and notice how it is used. After reading the passage *write the key word and a synonym or definition of it.* (If you have trouble reading the passage, try reading it aloud.) DO NOT USE A DICTIONARY.

1. *carteles*
En muchas clases hay carteles en las paredes que anuncian las actividades de la clase o de la escuela. Estos carteles generalmente son de varios colores y muy atractivos.

2. *puesto*
Mi prima Inés trabaja en un banco en San Antonio. A ella le gusta mucho el puesto porque dice que siempre quiere estar cerca de su dinero.

3. *deportista*
Ismael espera ser deportista. Practica mucho para aprender todo acerca de sus deportes favoritos como el béisbol y el basquetbol. Quiere jugar profesionalmente cuando termine su educación.

4. *difuntos*

Al principio de noviembre se celebra el Día de los Difuntos. Muchas familias van a los camposantos para visitar a sus difuntos y llevarles flores.

5. *antepasados*

En este país muchas personas tienen antepasados que vinieron de Europa. También hay familias hispanas con antepasados que vinieron de Cuba, México, Puerto Rico y la República Dominicana. ¿De dónde son sus antepasados?

6. *célebre*

Ayer llegó un escritor célebre a nuestro pueblo. Es famoso por su novela de la revolución. Viene a visitar a algunos amigos.

7. *aprobar*

Ahora estudio geometría. El próximo curso de matemáticas es Algebra II. Para seguir, tengo que aprobar el curso de geometría. Voy a estudiar mucho.

8. *cumbre*

En este estado hay muchas montañas. Siempre hay personas que quieren subir a la cumbre. Algunos van en su coche pero muchos suben a pie. Dicen que es muy buen ejercicio.

9. *cobarde*

Tomás es un cobarde. Le tiene miedo a todo, aun a su sombra. No tiene muchos amigos porque nunca quiere salir con los otros muchachos.

10. *subrayar*

En este ejercicio deben subrayar los verbos y los sujetos. Escriban una línea debajo de los verbos y dos líneas debajo de los sujetos.

ESTRUCTURA

EL GÉNERO DE SUSTANTIVOS QUE TERMINAN EN CONSONANTE

Los sustantivos que terminan en *-ción*, *-sión*, *-xión*, *-tad*, *-tud*, *-dad* son femeninos.

Ejemplos: la conversación   la ciudad
            la televisión   la libertad
            la conexión   la virtud

Los sustantivos que terminan en otras consonantes pueden ser o femeninos o masculinos. El género de estas palabras tiene que aprenderse de memoria.

Actividad 1

Escriba las siguientes palabras y ponga los artículos el *o* la *con cada una para indicar si son femeninas o masculinas. Si no está seguro, use un diccionario.*

1. cárcel	6. animal	11. azúcar	16. error
2. cruz	7. pared	12. vez	17. lugar
3. luz	8. arroz	13. jardín	18. mes
4. altar	9. voz	14. sal	19. papel
5. amor	10. avión	15. color	20. dolor

ESCRITURA/COMPOSICIÓN

CORRECCIÓN DE PRUEBAS

Actividad 1

Escriba las siguientes oraciones y corrija los errores.

1. La muchacha es muy altas.
2. Tiene los ojos negro y un voz muy bonita.
3. La color de su pelo es muy raro.
4. Ayer tuve un conversación muy largo con ella.
5. Juan se quebró un mano en el partido de fútbol.

Actividad 2

Lea con cuidado las siguientes descripciones. Observe que la primera sólo describe los aspectos físicos y que la segunda deja asomar más sobre la personalidad. Escriba usted una composición de cinco a siete oraciones describiendo a una persona de su clase.

1. Pedro es un muchacho guapo. Tiene el pelo y los ojos negros, una barba bien formada, una nariz correcta, y las orejas pequeñas. Le gustan mucho los deportes y por lo tanto tiene un cuerpo delgado y muy firme. Levanta pesas para desarrollar los músculos de los hombros y de los brazos.

2. Mi papá es un hombre muy delgado. Tiene la nariz grande y los ojos cafés. Cuando se ríe, se le forman arruguitas debajo de los ojos. Cuando se enoja, se pone muy rojo y parece que va a reventar. Cuando hace frío las manos se le ponen heladas y las orejas casi parecen manzanas. Mi papá no es guapo pero sí es un hombre bueno y todos lo queremos.

Actividad 3

Haga una revisión de su composición corrigiendo todos los errores que haya indicado su maestra.

PRIMER REPASO: CAPÍTULOS I–VI

Escriba los ejercicios que siguen en una hoja de papel.

Actividad 1

Escriba las palabras en orden alfabético.

1. acción	6. luz	11. acero
2. chicharrón	7. chica	12. pecado
3. ñoño	8. nudo	13. tamaño
4. coro	9. corre	14. pecho
5. eco	10. llama	15. echa

Actividad 2

Escriba una oración con cada una de las siguientes palabras.

1. quiero	7. agua
2. día	8. traje
3. bien	9. clase
4. veinte	10. aquí
5. ayer	11. catorce
6. paquete	12. más

Actividad 3

Escriba la forma correcta entre las siguientes palabras.

1. peinso   pienso   piénso
2. cres   creyes   crees
3. trae   trai   tri
4. hace   ase   hase
5. estúdia   estudia   estudai
6. queso   qeso   qeuso
7. trahe   traxe   traje
8. automóvil   automóbil   automovil
9. mañana   manana   mañaña
10. hay   hai   ai

Actividad 4

Escriba y divida en sílabas las siguientes palabras. Marque la sílaba tónica.

1. comprende	6. Conchita	11. navidad
2. teatro	7. escuela	12. feroz
3. bombilla	8. lecciones	13. papel
4. gallina	9. transportar	14. lápiz
5. correo	10. aguardiente	15. preguntar

Actividad 5

Escriba las siguientes oraciones.

1. Escriba cinco preguntas que le pueda hacer a un compañero de clase.
2. Escriba cinco oraciones exclamativas.

Actividad 6

Escriba las siguientes oraciones usando letras mayúsculas donde se necesiten.

1. vivimos cerca del río grande en el estado de nuevo méxico.
2. quiero visitar la ciudad de nueva york en diciembre.
3. su santidad el papa juan pablo II visitó la catedral de filadelfia.
4. la revista *blanco y negro* se publica una vez al mes.
5. los sábados y los domingos no hay clases en mi escuela.

Actividad 7

Prepárese para escribir algunas de las palabras de las secciones CÓMO SE ESCRIBE cuando se las dicte su maestro.

Actividad 8

Escriba las siguientes palabras con el artículo definido (el, la, los, las) *que corresponda en cada caso.*

1. mano	6. arroz	11. jardines	16. meses
2. idiomas	7. canción	12. paredes	17. azúcar
3. sal	8. cuerpo	13. programa	18. clase
4. día	9. verdad	14. animal	19. luces
5. cárcel	10. foto	15. cruz	20. casas

Actividad 9

Escriba y complete las siguientes oraciones para indicar el género de los sustantivos.

1. Mi prim _____ María es un _____ muchacha bien bonit _____ .
2. L _____ s hermanos de es _____ señorita son l _____ s jovenes más perezos _____ s que yo conozco.
3. No abren l _____ s bibliotecas en l _____ s fines de semana.
4. _____ padre de Ofelia la llevó a _____ iglesia _____ domingo pasad _____ .
5. L _____ s fotos que sacó Roberto son muy bonit _____ s.
6. L _____ s parientes de mi novio me invitaron a pasar l _____ s Navidades con ellos.
7. L _____ s hijos de mi hermano siempre vienen aquí tod _____ s l _____ s veranos.

Actividad 10

Escriba un párrafo de 5–7 oraciones sobre uno *de los siguientes temas:*

1. Lo que estudio.
2. Una descripción de un amigo.

CAPÍTULO VII

Al terminar este capítulo, usted podrá:

ORTOGRAFÍA

- escribir de memoria las fórmulas que se usan para decidir si una palabra necesita acento
- dividir palabras en sílabas, marcar la sílaba tónica, comparar la palabra con la fórmula apropiada, y poner los acentos necesarios
- escribir correctamente las 20 palabras de la sección CÓMO SE ESCRIBE

VOCABULARIO

- dar el equivalente en español de la lista de palabras inglesas incluidas en la sección EL MUNDO: CONTINENTES Y PAÍSES
- indicar qué se encuentra alrededor de todos los países mencionados en la sección de vocabulario

LECTURA

- reconocer la idea principal en selecciones breves

ESCRITURA/COMPOSICIÓN

- poner acentos en tres oraciones usando las fórmulas y el sistema indicado anteriormente
- escribir una composición de 5−7 oraciones sobre el tema *Cómo se va de aquí a otro lugar* poniendo atención al uso de acentos

ORTOGRAFÍA

I. *OTRA RAZÓN POR LA CUAL SE USA EL ACENTO ESCRITO*

A. LOS ACENTOS ESCRITOS EN ESPAÑOL.

Los acentos escritos en español se usan:

1. para romper un diptongo
2. para marcar la sílaba tónica
3. para diferenciar palabras iguales

B. LOS ACENTOS PARA MARCAR LA SÍLABA TÓNICA.

Regla: Todas las palabras de más de una sílaba tienen sílaba tónica.
Sólo algunas palabras necesitan usar acento escrito para marcar la sílaba tónica.

C. CÓMO SABER SI UNA PALABRA NECESITA ACENTO ESCRITO.

Proceso: 1. se divide la palabra en sílabas y se enumeran las sílabas
2. se marca la sílaba tónica
3. se usa la fórmula apropiada para comparar la palabra

D. FORMULA #1.

Las palabras que terminan en vocal (*a, e, i, o, u*), *n* y *s* usan la fórmula #1:

$\dfrac{\quad\mid\quad\mid\ \odot\ }{3\mid 2\mid 1}$ El acento se escribe si la sílaba tónica es la sílaba 1.

Ejemplos:

Palabra	División y sílaba tónica	Comparación con fórmula #1	Uso de acento escrito
		3 | 2 | 1 ⊙	
mesa	(me) | sa	(me) | sa 2 | 1	No necesita acento escrito. Sílaba tónica no es la sílaba 1.
cafe	ca | (fe)	ca | (fé) 2 | 1	Necesita acento escrito. Sílaba tónica es sílaba 1.
compran	(com) | pran	(com) | pran 2 | 1	No necesita acento escrito.
tambien	tam | (bien)	tam | (bién) 2 | 1	Necesita acento escrito.

Escriba los ejercicios que siguen en una hoja de papel.

Actividad 1

Todas las siguientes palabras terminan en vocal (a, e, i, o, u) *o en las consonantes n y s. Están divididas en sílabas y tienen la sílaba tónica marcada. Compárelas con la fórmula #1 y decida si necesitan acento escrito. Escriba las palabras que necesitan acento poniéndolo donde corresponda.*

Fórmula #1

		⊙
3	2	1

1. persona
per | (so) | na
3 | 2 | 1

2. palabra
pa | (la) | bra
3 | 2 | 1

3. conversacion
con | ver | sa | (cion)
4 | 3 | 2 | 1

4. ademas
a | de | (mas)
3 | 2 | 1

5. ingles
in | (gles)
2 | 1

6. menos
(me) | nos
2 | 1

7. Jose
Jo | (se)
2 | 1

8. joven
(jo) | ven
2 | 1

9. television
te | le | vi | (sion)
4 | 3 | 2 | 1

10. estrella
es | (tre) | lla
3 | 2 | 1

Nota importante:

Cuando hay dos vocales juntas, el acento que marca la sílaba tónica siempre se pone sobre la vocal fuerte: *a, e, o*.

Ejemplos: conversación, televisión, también

Actividad 2

Write fórmula #1 on a sheet of paper. Write and line up the divided words as illustrated below. Circle the stressed syllable and compare the pattern with fórmula #1. Place accents where they are needed.

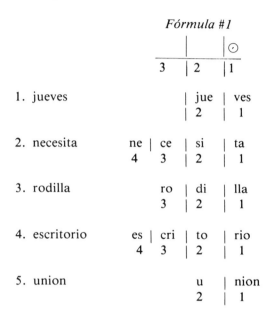

Fórmula #1

		⊙
3	2	1

1. jueves

	jue	ves
	2	1

2. necesita

ne	ce	si	ta
4	3	2	1

3. rodilla

ro	di	lla
3	2	1

4. escritorio

es	cri	to	rio
4	3	2	1

5. union

u	nion
2	1

Actividad 3

Escriba la fórmula #1. Luego divida las siguientes palabras en sílabas. Marque la sílaba tónica y decida si necesitan acento escrito después de compararlas con la fórmula. Escriba los acentos donde correspondan.

1. avion	6. lejos	11. misa
2. cuello	7. acaban	12. adios
3. cabeza	8. toro	13. fiesta
4. Margarita	9. despues	14. cosas
5. mundo	10. situacion	15. Jesus

E. FÓRMULA #2.

Las palabras que terminan en d/l/m/r/y/z usan la
fórmula #2:

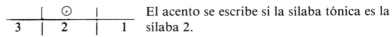

El acento se escribe si la sílaba tónica es la
sílaba 2.

Ejemplos:

Palabra	División y sílaba tónica	Comparación con fórmula #2	Uso de acento escrito

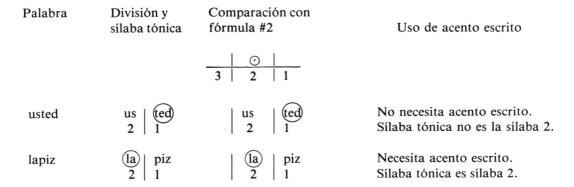

usted	us | (ted) 2 | 1	| us | (ted) 2 | 1	No necesita acento escrito. Sílaba tónica no es la sílaba 2.
lapiz	(la) | piz 2 | 1	| (la) | piz 2 | 1	Necesita acento escrito. Sílaba tónica es sílaba 2.

Actividad 1

Todas las siguientes palabras terminan en d/l/m/r/y/z. *Están divididas en sílabas y tienen la sílaba tónica marcada. Compárelas con la fórmula #2 y decida si necesitan acento escrito. Escriba las palabras que necesitan acento poniéndolo donde corresponda.*

Fórmula #2

3	2	1

1. Soledad   So \| le \| (dad)
          3 \| 2 \| 1

2. Lopez   \| (Lo) \| pez
             2 \| 1

3. Martinez   Mar \| (ti) \| nez
           3 \| 2 \| 1

4. personal   per \| so \| (nal)
          3 \| 2 \| 1

5. comer   \| co \| (mer)
             2 \| 1

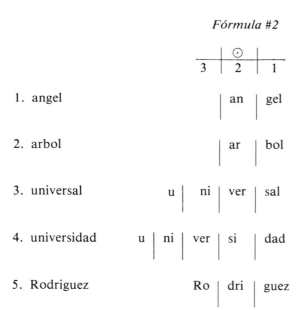

6. azucar   a | (zu) | car
           3 | 2 | 1

7. abril | a | (bril)
              2 | 1

8. dificil   di | (fi) | cil
          3 | 2 | 1

9. verdad | ver | (dad)
               2 | 1

10. estoy | es | (toy)
               2 | 1

Actividad 2

Escriba la fórmula #2. Coloque las palabras divididas en sílabas como se ven aquí. Pronúncielas cuidadosamente y marque la sílaba tónica. Compare las palabras con la fórmula #2 para ver si necesitan acento escrito. Escriba los acentos donde correspondan.

Fórmula #2

	⊙	
3	2	1

1. angel | an | gel

2. arbol | ar | bol

3. universal   u | ni | ver | sal

4. universidad   u | ni | ver | si | dad

5. Rodriguez   Ro | dri | guez

Actividad 3

Escriba la fórmula #2. Luego divida las siguientes palabras en sílabas, marque la sílaba tónica y decida si necesitan acento escrito después de compararlas con la fórmula.

1. Monterrey	6. carcel	11. sociedad
2. hacer	7. facil	12. debil
3. nariz	8. papel	13. util
4. natural	9. hospital	14. examinar
5. Gomez	10. mitad	15. verdad

Actividad 4

Escriba las siguientes palabras notando la letra en que terminan. Decida cuál fórmula se debe usar para decidir si necesitan acento escrito. Explique las razones en cada caso. Observe los ejemplos.

Ejemplos:	*Palabra*	*Se usa la fórmula*	*Razón*
	agua	#1	termina en vocal
	azul	#2	termina en *l*

1. posicion	6. hombre
2. amor	7. hablar
3. Nuñez	8. virtud
4. reporte	9. libertad
5. escuela	10. circular

Actividad 5

Ponga acentos donde se necesiten en las palabras de la Actividad 4.

F. FÓRMULA #3.

Todas las palabras en que la sílaba tónica sea la sílaba 3, 4, o 5 usan la fórmula #3:

Siempre llevan acento escrito.
NO IMPORTA EN QUE LETRA TERMINEN

Ejemplos:

Palabra	División y sílaba tónica	Comparación con fórmula #3	Uso de acento escrito
		⊙ ⊙ ⊙ 5 | 4 | 3 | 2 | 1	
damelo	(da) | me | lo	(dà) | me | lo	Siempre usan acento escrito. La sílaba tónica es la sílaba 3.
silaba	(si) | la | ba	(sí) | la | ba	Siempre usan acento escrito.
compramelo	(com) | pra | me | lo	(cóm) | pra | me | lo	Siempre usan acento escrito.

Actividad 1

Compare las siguientes palabras con la fórmula #3. Decida si necesitan acento escrito. Escriba las palabas que necesitan acento poniéndolo donde corresponda.

Fórmula #3

	⊙	⊙		
	4	3	2	1
1. muchachito	mu	cha	(chi)	to
2. jovenes		(jo)	ve	nes
3. arboles		(ar)	bo	les
4. limoncito	li	mon	(ci)	to
5. formula		(for)	mu	la
6. gramatica	gra	(ma)	ti	ca

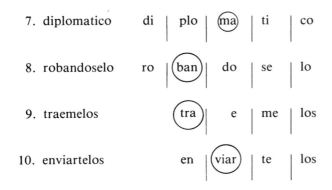

7. diplomatico	di	plo	(ma)	ti	co
8. robandoselo	ro	(ban)	do	se	lo
9. traemelos		(tra)	e	me	los
10. enviartelos	en	(viar)	te	los	

Actividad 2

El siguiente ejercicio tiene palabras de todos los tipos.
De acuerdo con los ejemplos, divida una hoja de papel en cinco columnas. Luego:

1. *divida las palabras en sílabas*
2. *marque la sílaba tónica*
3. *decida qué fórmula usar*
4. *compare la palabra con la fórmula*
5. *ponga acentos donde sean necesarios*

Ejemplos:

Palabra	División y sílaba tónica	Fórmula que se usa	Comparación					Resultado
Perez	(Pe) | rez	#2	3	2	1			Pérez
nueve	(nue) | ve	#1	3	2	1			nueve
camara	(ca) | ma | ra	#3	5	4	3	2	1	cámara

1. Ramirez	11. señor
2. muchacho	12. comida
3. gordisimo	13. tipico
4. siete	14. Hernandez
5. sabado	15. Hector
6. pajaro	16. Jorge
7. timido	17. noviembre
8. jugamos	18. mandaselo
9. jugabamos	19. olvidarsenos
10. señora	20. dandoselo

II. *CÓMO SE ESCRIBE*

Lista #7

Palabras que deben saberse

1. débil	11. primavera
2. fiebre	12. verano
3. uva	13. otoño
4. llave	14. hora
5. todavía	15. gallina
6. almohada	16. hijo
7. hacía	17. llanto
8. hasta	18. cuello
9. bufanda	19. semilla
10. invierno	20. diccionario

Actividad 1

Copie las palabras que aparecen en la lista #7.

Actividad 2

1. Encuentre las palabras que se escriban con la letra *v*.
2. Encuentre las palabras que se escriban con la letra *b*.
3. Encuentre las palabras que se escriban con *ll*.
4. Encuentre las palabras que se escriban con *h*.

Actividad 3

1. Encuentre las palabras que tengan cuatro sílabas.
2. Encuentre todas las palabras que tengan diptongo.
3. Encuentre las palabras que tengan acento para romper el diptongo.

Actividad 4

1. Pronuncie las siguientes palabras rápidamente:
   todavía, almohada, gallina, semilla.
2. Explique cómo cambian estas palabras al pronunciarlas.

Actividad 5

Escriba y complete las siguientes oraciones:

1. Julio es un mes de _____ .
2. Las bufandas se usan en el _____.
3. Necesito la _____ del auto para poder ir a la tienda.
4. El vino depende de que haya buena cosecha de _____ .
5. Adiós, Pedro, _____ mañana.

Actividad 6

Prepárese para escribir las oraciones de la actividad 5 cuando las dicte su profesor.

Actividad 7

Escriba y complete las siguientes palabras:

1. ga____ina
2. almo____ada
3. semi____a
4. in____ierno
5. fie____re

6. ____ora
7. ____anto
8. oto____o
9. todav____a
10. ____asta

VOCABULARIO

I. *EL MUNDO: CONTINENTES Y PAÍSES*

En su cuaderno de vocabulario, escriba el equivalente en español de cada una de las siguientes palabras inglesas. Al terminar, revise su trabajo en la sección PALABRAS EN USO.

PALABRAS CLAVES

1. Europe
2. Asia
3. Australia
4. North America
5. South America
6. England
7. France
8. Belgium
9. Holland
10. Germany
11. Spain
12. Italy
13. Switzerland
14. Norway
15. Sweden
16. Finland
17. Poland
18. Czechoslovakia
19. Austria
20. Hungary
21. Greece
22. Turkey
23. USSR
24. Ireland
25. Scotland
26. Atlantic Ocean
27. Pacific Ocean
28. Mediterranean Sea
29. English Channel
30. the Alps

Actividad 1

Usando un mapa, prepárese para indicar dónde quedan al menos 10 países europeos.

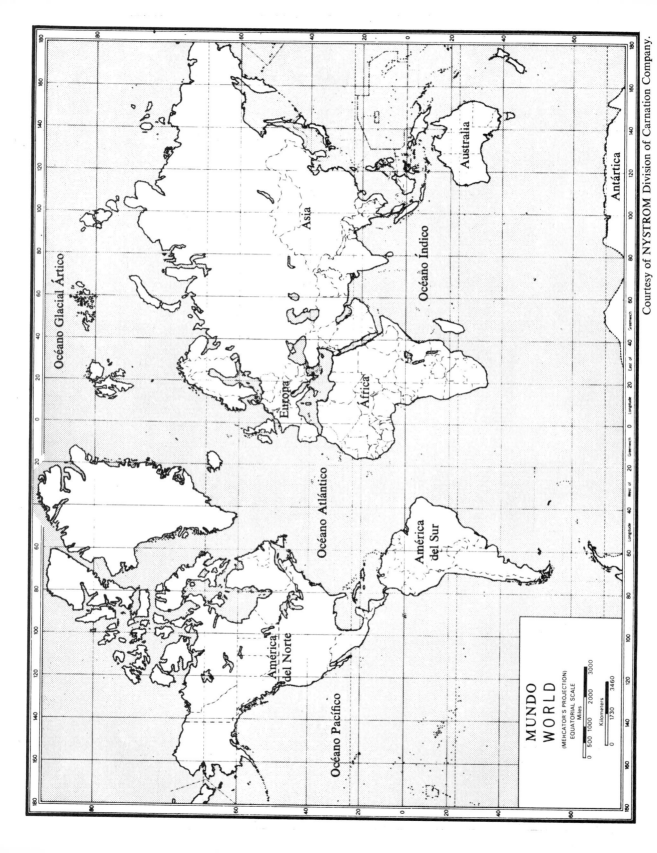

MUNDO
WORLD

(MERCATOR'S PROJECTION)
EQUATORIAL SCALE

Miles

0 500 1000 2000 3000

Kilometers

0 1730 3460

Océano Glacial Ártico

Asia

Océaño Índico

Australia

Europa

África

Antártica

América del Norte

Océano Atlántico

América del Sur

Océano Pacífico

East of Longitude Greenwich West of Longitude Greenwich

Courtesy of NYSTROM Division of Carnation Company.

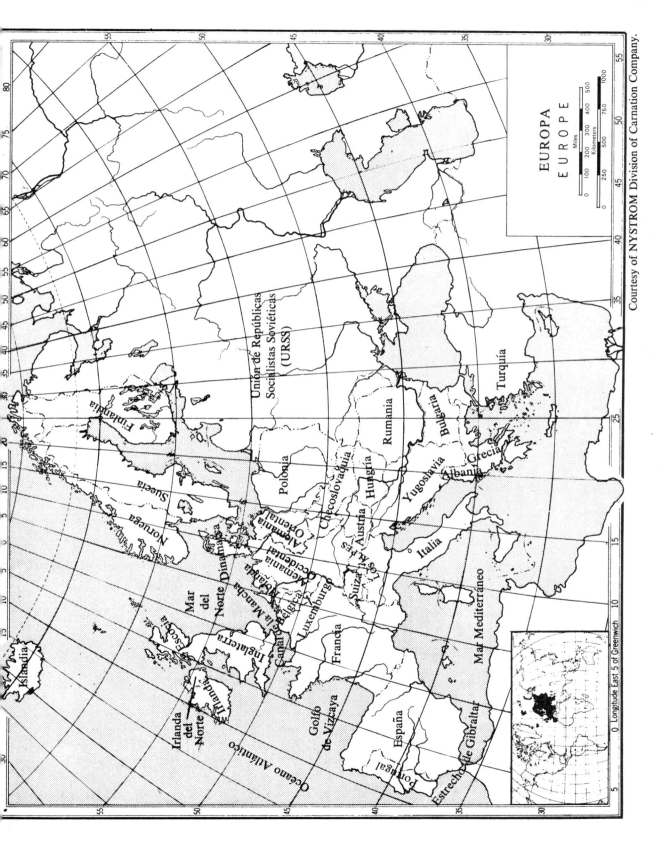

EUROPA
EUROPE

Miles
0 100 200 300 400 500

Kilometers
0 250 500 750 1000

Courtesy of NYSTROM Division of Carnation Company.

Islandia

Océano Atlántico

Irlanda del Norte

Irlanda

Escocia

Inglaterra

Mar del Norte

Noruega

Suecia

Finlandia

Dinamarca

Países Bajos

Bélgica

Canal de la Mancha

Luxemburgo

Alemania Occidental

Alemania Oriental

Polonia

Unión de Repúblicas Socialistas Soviéticas (URSS)

Checoslovaquia

Francia

Suiza

Austria

Hungría

Rumania

Golfo de Vizcaya

España

Portugal

Estrecho de Gibraltar

Los Alpes

Italia

Yugoslavia

Albania

Bulgaria

Grecia

Turquía

Mar Mediterráneo

Longitude East 5 of Greenwich

Actividad 2

Relacione los países de la columna A con las lenguas de la columna B para indicar qué lengua se habla en cuál país. Escriba juntos los pares de números y letras que correspondan.

Columna A
países

Columna B
lenguas

a. Inglaterra
b. Francia
c. Finlandia
d. Grecia
e. Turquía
f. España
g. Holanda
h. Polonia
i. Suecia
j. Noruega
k. Italia
l. Alemania
m. Hungría

1. polaco
2. holandés
3. inglés
4. turco
5. griego
6. sueco
7. noruego
8. finlandés
9. español
10. alemán
11. húngaro
12. italiano
13. francés

Actividad 3

Usando el mapa de Europa, explique qué se encuentra al norte, al sur, al este y al oeste de los siguientes países.

Ejemplo: Inglaterra   al norte: Escocia   al sur: el canal de la Mancha
                         al oeste: Irlanda   al este: Mar del Norte

1. Polonia
2. Francia
3. España
4. Bélgica
5. Mar Mediterráneo

LECTURA

Algunas palabras en inglés sobre el proceso de la lectura.

When you learned to read in English, you were taught to pick out the main idea in a paragraph. This idea is usually expressed in the topic sentence. It tells you what the paragraph will be about. It gives you a general idea, and then the following sentences provide more detailed information.

The exercises in this chapter will provide practice in recognizing the main idea in a paragraph.

Actividad 1

Lea los párrafos que siguen con cuidado. Después de cada párrafo hay tres oraciones. Decida cuál es el tema principal en cada caso.

A. Hay siete continentes en este planeta. Los continentes son Europa, Asia, África, la América del Norte, la América del Sur, Australia y Antártica. En la mayoría de los continentes vive mucha gente. Sólo en Antártica no viven muchas personas. Nosotros vivimos en la América del Norte que se extiende desde Alaska hasta Panamá. Es un continente de muchos países y muchas personas.

Tema principal

1. Los continentes y sus características principales.
2. Los países de cada continente.
3. La población de la América del Norte.

B. Es muy común encontrar varias gentes y lenguas en un continente. En Europa hay muchos países y gran variedad en los idiomas que se hablan. Los idiomas principales son alemán, inglés, francés, español, italiano y ruso, pero también se hablan idiomas como finlandés, portugués, noruego, danés y otros.

Tema principal

1. Cómo varían la gente y las lenguas en un continente.
2. El alemán y el francés en Europa.
3. Los idiomas principales de muchos países.

C. Los tres países más grandes de la América del Norte son Canadá, Estados Unidos y México. Nuestro país, Estados Unidos, está entre Canadá y México. Al norte está Canadá, donde el idioma principal es inglés, y al sur está México, donde se habla español. Estos tres países son los más grandes en territorio y en población. Tienen más de 400 millones de habitantes. Los otros países de la América del Norte son mucho más pequeños.

Tema principal

1. Tres países en la América del Norte.
2. El inglés en la América del Norte.
3. El territorio y la población de los Estados Unidos.

D. En los Estados Unidos se hallan habitantes o ciudadanos que representan casi todos los países del mundo. Hay personas de todas las razas también. Aunque la lengua oficial del país es inglés, se oyen muchas otras lenguas en cada sección de la nación. El español, por ejemplo, es la segunda lengua del país.

Tema principal

1. Los hispanos en los Estados Unidos.
2. Los habitantes de los Estados Unidos y sus diferencias.
3. La lengua oficial de los Estados Unidos.

E. Muchos de nuestros antepasados han venido a este país de las islas tropicales en el mar Caribe. Han venido de Cuba, la República Dominicana y Puerto Rico. Son unas islas pequeñas donde cultivan tabaco, caña de azúcar y frutas. Para muchos es muy difícil acostumbrarse al cambio de las estaciones en los Estados Unidos, especialmente al invier-vierno.

Tema principal

1. El clima de los Estados Unidos.
2. Nuestros antepasados y las islas del mar Caribe.
3. El cultivo del tabaco, la caña de azúcar, y las frutas.

F. Tengo un primo que vive en el centro del estado de Colorado. Mi primo dice que le encanta vivir en Colorado porque hay tanto que ver y hacer. Nunca se aburre él. En el verano sale a pescar en los lagos y ríos o a pasearse en las bellas montañas. En el invierno también puede pasearse en las montañas porque a él le gusta mucho esquiar. ¡Qué buena suerte tiene él! Me gustaría a mí vivir en Colorado.

Tema principal

1. La geografía del estado de Colorado.
2. El verano y el invierno en Colorado.
3. Lo que hace un primo en Colorado.

G. El río Nilo es uno de los ríos más largos e importantes del mundo. Se encuentra en el este del continente de África. Brota en el lago Victoria en el centro del continente y fluye hacia el norte por más de tres mil cuatrocientas millas. Antes de llegar al mar Mediterráneo pasa por montañas, valles y desiertos. Se cultiva mucho a las orillas del río aun cuando pasa por el desierto.

Tema principal

1. El continente africano, sus valles, y sus desiertos.
2. Los ríos del continente africano.
3. Uno de los ríos más importantes del mundo.

Actividad 2

Escriba un párrafo en el que describa un país que quiera visitar. Diga dónde está, qué lengua se habla allí, y por qué quiere visitarlo.

ESCRITURA/COMPOSICIÓN

I. ESCRITURA

Corrección de pruebas

Escriba las siguientes oraciones. Ponga los acentos que sean necesarios. Antes de poner los acentos, escriba otra vez todas las palabras de más de una sílaba. Divídalas en sílabas, marque la sílaba tónica, y use las fórmulas.

Fórmulas: #1 *vocal, n, s*   #2 *d/l/m/r/y/z*   #3 *todas*

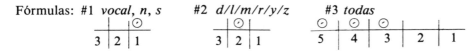

1. Pedrito llego ayer en la noche.
2. Mi papa hablo con el maestro.
3. Mi telefono no sirve.

II. COMPOSICIÓN

Escriba una composición de 5–7 oraciones sobre el tema: *Cómo se va de aquí a otro lugar.* Puede usarse el siguiente ejemplo como modelo.

Cómo se va de la escuela a mi casa.

Para ir de la escuela a mi casa se necesita bastante tiempo y energía porque queda lejos. Queda más cerca si se empieza de la puerta del gimnasio. De allí se sigue derecho hasta pasar el centro de compras que está en la esquina de la calle Charles y la calle River. En la calle que sigue se da la vuelta a la derecha y se camina dos cuadras. Al llegar a una casa blanca que tiene dos árboles muy grandes se da la vuelta a la izquierda. La segunda casa a mano derecha es la mía.

CAPÍTULO VIII

Al terminar este capítulo, usted podrá:

ORTOGRAFÍA
- escribir correctamente palabras frecuentes que tengan el sonido /k/
- poner acentos que marcan la sílaba tónica con más confianza
- escribir correctamente las 20 palabras de la sección CÓMO SE ESCRIBE

VOCABULARIO
- dar el equivalente en español de la lista de palabras inglesas incluidas en la sección LA ROPA
- describir detalladamente lo que trae puesto un compañero

LECTURA
- reconocer la idea principal en selecciones breves
- escribir una oración principal para algunas selecciones breves

ESTRUCTURA
- reconocer el género de palabras frecuentes que terminan en las vocales *i* y *e*

ACTIVIDAD ORAL
- dar una presentación en clase sobre el uso de la ropa
- participar en un debate sobre el uso de la ropa

ORTOGRAFÍA

I. *EL SONIDO /K/*

A. EL SONIDO /k/ SE ESCRIBE EN ESPAÑOL CON:

c + *a*, *o*, *u*   casa, cosa, Cuca

qu + *e*, *i*   queso, quita

y en palabras de origen extranjero con:

la letra *k*   kepí, kilómetro

B. REGLAS

1. La letra _c_ no siempre representa el sonido /k/.
   La letra _c_ seguida por las vocales _e_ o _i_ representa el sonido /s/: _c_ine, _c_ena.

2. La letra _q_ sólo se usa en las combinaciones _que_ y _qui_. Las combinaciones _qua_, _quo_ NO EXISTEN EN ESPAÑOL.

3. La letra _k_ se usa muy poco. Sólo unas cuantas palabras extranjeras se escriben con esa letra.

Actividades

Escriba los ejercicios que siguen en una hoja de papel.

Actividad 1

Escriba las siguientes palabras y subraye el sonido /k/.

1. Carlos	6. geográfico	11. cañón
2. cinco	7. campeón	12. clase
3. aquí	8. quiero	13. azúcar
4. Cuca	9. bosque	14. quince
5. saco	10. busco	15. aunque

Actividad 2

Escriba las siguientes palabras y examine el uso de la letra c. _Indique si la_ c _representa el sonido /s/ o el sonido /k/._

Ejemplos: _c_ielo /s/

  _c_asa /k/

1. centro	6. once	11. México
2. como	7. dice	12. quince
3. conduce	8. cerca	13. traduce
4. busca	9. conozco	14. luces
5. cambio	10. brinca	15. bendecir

Actividad 3

Escriba y complete las siguientes oraciones.

Ejemplos: Para escribir los sonidos /ka/ se usa _ca_.
   Para escribir los sonidos /ke/ se usa _que_.

1. Para escribir los sonidos /ku/ se usa _____ .
2. Para escribir los sonidos /ki/ se usa _____ .

3. Para escribir los sonidos /ko/ se usa _____ .
4. Para escribir el sonido /k/ se usa _____ , _____ , o _____ .
5. Para escribir los sonidos /kua/ se usa _____ .
6. Para escribir los sonidos /kuo/ se usa _____ .

Actividad 4

1. Escriba cinco palabras que tengan la combinación de sonidos /ke/.
2. Escriba cinco palabras que tengan la combinación de sonidos /ki/.
3. Escriba cinco palabras que tengan la combinación de sonidos /ko/.
4. Escriba cinco palabras que tengan la combinación de sonidos /ku/.
5. Escriba cinco palabras que tengan la combinación de sonidos /ka/.

Actividad 5

Escriba las palabras en que la q se haya usado correctamente.

1. queso
2. paquete
3. quota
4. quarto
5. quemar
6. quatro
7. Paquita
8. taquito
9. busqué
10. qualidad

II. *REPASO DE ACENTOS*

Actividad 1

Escriba las tres fórmulas que se usan para decidir si una palabra necesita acento para marcar la sílaba tónica.

#1: vocal, n, s   #2: d/l/m/r/y/z   #3: todas

Actividad 2

Escriba las siguientes oraciones. Usando las fórmulas decida cuáles de las palabras subrayadas necesitan acento. Ponga los acentos donde correspondan.

1. El profesor llego ayer.
2. Tu mama se llama Ernestina.
3. Carlitos tiene un perrito chiquito.
4. Mi telefono esta descompuesto.
5. Dame un beso, por favor.
6. También Pedro sabe frances.
7. El numero de mi boleto es 11345.
8. Javier quería ver esa pelicula.
9. Los atletas son muy populares.
10. A Roberto nunca le prestan el automóvil.

III. *CÓMO SE ESCRIBE*

Lista #8

Palabras que deben saberse

1.	clavo	11.	apoyar
2.	navaja	12.	juez
3.	hielo	13.	hondo
4.	rodilla	14.	medalla
5.	arroz	15.	proyecto
6.	comenzar	16.	pez
7.	vergüenza	17.	horno
8.	collar	18.	alcanzar
9.	anillo	19.	ley
10.	nieve	20.	recuerdo

Actividad 1

Copie las palabras que aparecen en la lista #8.

Actividad 2

1. Encuentre las palabras que se escriban con la letra _v_.
2. Encuentre las palabras que se escriban con la letra _ll_.
3. Encuentre las palabras que se escriban con _h_.
4. Encuentre las palabras que se escriban con _y_.

Actividad 3

1. Encuentre las palabras que tengan el sonido /k/.
2. Explique la función de la diéresis en la palabra vergüenza.

Actividad 4

1. Dé el género de las siguientes palabras indicando si se usa el artículo el o la con cada una de ellas. Ejemplo: guante   el guante
   clavo, navaja, hielo, rodilla, arroz, collar, anillo, nieve, juez,
   medalla, proyecto, pez, horno, ley
2. Forme el plural de las siguientes palabras:
   navaja, juez, ley, pez, collar
3. ¿Cómo se escribe el equivalente inglés de la palabra proyecto? ¿Cuál es la diferencia?

Actividad 5

Explique qué tienen en común las siguientes cosas:

1. una navaja y un clavo
2. la nieve y el hielo
3. un anillo, un collar, y una medalla

Actividad 6

Escriba las siguientes oraciones. Encuentre y corrija los errores de ortografía.

1. El jues se pegó en una rodiya con un clabo.
2. No voy a alcanzar a comerme mi arroz.
3. El pes sintió mucha vergüenza cuando lo metieron al orno.
4. Es bonito cuando nieva para Navidad.

VOCABULARIO

I. *LA ROPA*

En su cuaderno de vocabulario, escriba el equivalente en español de cada una de las siguientes palabras inglesas. Al terminar, revise su trabajo en la sección PALABRAS EN USO.

PALABRAS CLAVES

1. hat
2. coat
3. handkerchief
4. umbrella
5. raincoat
6. shoes
7. boots
8. socks
9. trousers
10. shirt
11. tie
12. t-shirt
13. sweater
14. bathrobe
15. bedroom slippers
16. underwear
17. belt
18. long/short sleeves
19. pair
20. cuff
21. jacket
22. suit
23. dress
24. skirt
25. blouse

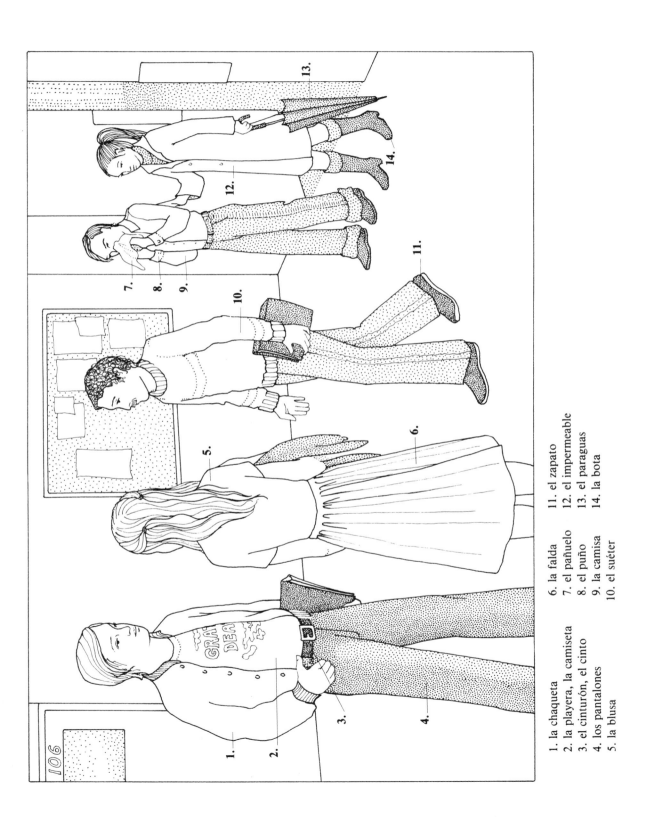

1. la chaqueta
2. la playera, la camiseta
3. el cinturón, el cinto
4. los pantalones
5. la blusa

6. la falda
7. el pañuelo
8. el puño
9. la camisa
10. el suéter

11. el zapato
12. el impermeable
13. el paraguas
14. la bota

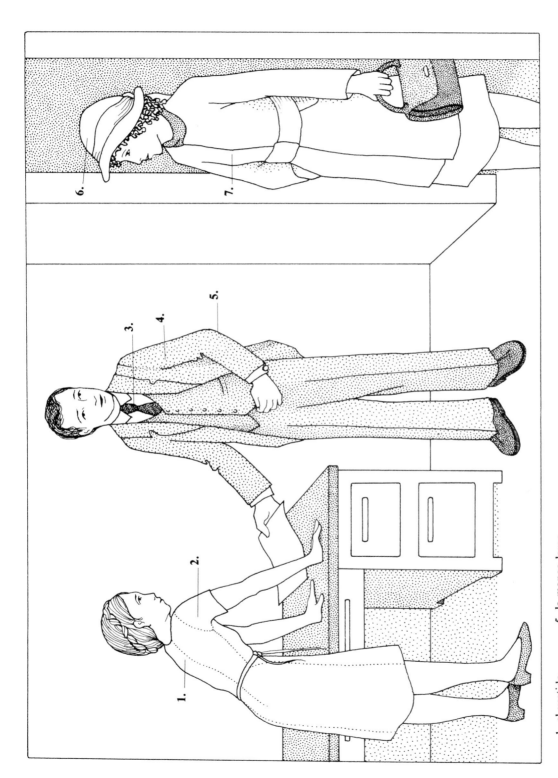

1. el vestido
2. la manga corta
3. la corbata
4. el traje
5. la manga larga
6. el sombrero
7. el abrigo

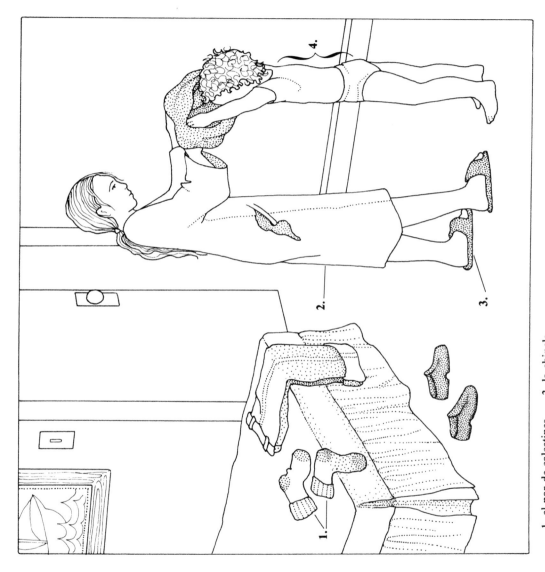

1. el par de calcetines   3. la chinela
2. la bata de baño   4. la ropa interior

Lea las siguientes oraciones. Observe el uso de las palabras subrayadas.

1. Cuando está lloviendo es buena idea ponerse un impermeable para no mojarse.
2. Cuando hace mucho calor no me gusta usar camisas de manga larga; las prefiero de manga corta.
3. ¡Qué bonito suéter trae Margarita!
4. Con los zapatos de tenis, es buena idea usar calcetines gruesos.
5. Ayer Juan traía puesta una playera/camiseta muy simpática que decía "Bésame—hablo español."
6. No pude quedarme para todo el juego de fútbol porque llovió y a mí se me olvidó el paraguas.
7. El pañuelo se usa para limpiarse la nariz.
8. Los puños de la camisa se me ensuciaron y tuve que doblarme las mangas para que no se me notara.

Actividad 1

Explique la diferencia entre:

1. una falda/saya y un pantalón.
2. los calcetines y los zapatos
3. las botas y los zapatos
4. un impermeable y un abrigo
5. una camisa y una blusa

Actividad 2

1. Haga una lista de ropa que no se incluyó en este capítulo.
2. Describe la ropa de algún compañero/compañera. Comente acerca del color y el estilo de todas las prendas de vestir que traiga puestas su compañero/compañera.

LECTURA

Algunas palabras en inglés sobre el proceso de la lectura.

Very often when bilingual students begin to read in Spanish, they worry too much about what individual words and sentences mean. Sometimes, especially if they read aloud, they begin to worry about how they sound. At the end of it all, they cannot really say what they have read. It is wise, therefore, to remember a little bit about how written selections generally work:

1. Very seldom do people in real life ever have to read lists of words.
2. Very seldom do people in real life ever have to read isolated sentences.
3. Generally, reading selections are organized into paragraphs, each of which conveys one main idea.

The trick to becoming a good reader is to read paragraphs, that is, groups of sentences as units which will bring out <u>one</u> main idea. While each individual sentence conveys its own thought, you should remember that a writer has put each of the sentences in a paragraph to further develop his main thought. So the important thing for the reader is to become efficient at spotting this main idea.

The exercises here are designed to continue the work you did in the previous chapter in recognizing the main focus of paragraphs.

Actividad 1

The following exercises contain a series of sentences. Read them carefully and then decide which main *theme links them all together. This main theme would be the main idea of a paragraph if these sentences had been written in paragraph form.*

Example: 1. Los gatos tienen bigotes y los perros no.
              2. Los perros ladran y los gatos maúllan.
              3. Los gatos rasguñan para defenderse y los perros muerden.

Main theme: a. Los gatos.
               b. Los perros.
               c. La diferencia entre los gatos y los perros.

Answer: <u>c.</u>

Ejercicio 1
1. Los exámenes son típicos de todas las escuelas.
2. Los profesores siempre creen que los exámenes son necesarios.
3. A los alumnos no les gustan los exámenes.
4. Algunos son muy difíciles.
5. Es posible saber mucho y sacar malas calificaciones en un examen.

IDEA PRINCIPAL
    a. Las escuelas.
    b. Los exámenes.
    c. Los profesores.

Ejercicio 2
1. Cuando una muchacha tiene novio se siente muy segura.
2. Siempre tiene quien la invite al cine.
3. Tiene con quien caminar a sus clases.
4. Tiene con quien hablar por teléfono.
5. Todas sus amigas saben que alguien la quiere.
6. Puede usar un anillo, una chaqueta o un suéter de su novio.

IDEA PRINCIPAL
    a. Las muchachas que tienen un novio no estudian.
    b. La importancia para las muchachas de tener novio.
    c. Los novios y las novias siempre se casan.

Ejercicio 3

1. La mayoría de las personas quiere vestirse bien.
2. Generalmente todos quieren usar ropa que les quede bien y que esté de moda.
3. Muchas personas escogen su ropa de acuerdo con su trabajo o de acuerdo con su personalidad.
4. Hay mujeres que siempre usan pantalones y hombres que nunca usan corbata.
5. A algunas personas les gusta ser diferentes y por eso usan vestidos o trajes exóticos o llamativos.

IDEA PRINCIPAL

    a. Todas las personas usan ropa para salir a la calle.
    b. La ropa cambia de acuerdo con el trabajo.
    c. La ropa es generalmente importante para las personas.

Ejercicio 4

1. Hay familias donde viven juntas personas de varias generaciones.
2. Los niños se acostumbran a que la familia es muy grande.
3. Hay familias pequeñas en que solamente viven juntos los papás y los niños.
4. En algunos casos hay muchos niños y en otros hay sólo dos o tres.

IDEA PRINCIPAL

    a. Hay diferentes tipos de familias.
    b. Los niños en las familias grandes.
    c. Las familias pequeñas no tienen niños.

Actividad 2

Generally, most paragraphs are organized so that the main theme or idea is expressed in a topic sentence. The topic sentence is usually found at the beginning of the paragraph, but it is not necessarily always the first sentence in the paragraph.

Read the following passages carefully. Find the topic sentence, that is, the sentence that expresses the main theme which links the other sentences together.

1. Hoy en día las mujeres se visten como mejor les parece. A algunas les gustan los zapatos bajos y nunca se ponen zapatos de tacón alto. Otras piensan que los pantalones son más cómodos que las faldas/sayas. Y a otras les gusta verse femeninas y delicadas y por eso escogen vestidos de colores claros. En una misma fiesta se pueden ver mujeres muy guapas vestidas cada quien de acuerdo con sus preferencias.

2. Carolina cree que lo más penoso en la vida es tener un hermano mayor. Dice que los hermanos son una lata porque se creen muy importantes. Quieren cuidar a sus hermanas. Traen cuentos a los papás de lo que pasa en la escuela, y siempre quieren dar consejos: "ese muchacho no te conviene", o "esa amiga tiene mala reputación". Carolina está convencida de que su vida sería más fácil si no tuviera un hermano tan responsable.

3. Muchas veces los muchachos que se crían en familias grandes tienen que acostumbrarse a usar la ropa de hermanos mayores. La ropa es muy cara hoy día y algunos padres no pueden comprarle ropa nueva a cada hijo. De vez en cuando los más chicos se enojan un poco porque quisieran recibir algo nuevo, pero en general comprenden que no es posible.

4. Los colores son más vivos y hay más variedad. Ya para febrero las tiendas empiezan a mostrar las nuevas modas. En pleno invierno uno puede olvidarse del frío y la nieve y pensar en el buen tiempo que seguirá.

Actividad 3

Write the missing topic sentence for the following paragraphs. Remember to make the statement general and broad so that it covers all of the ideas expressed by the other sentences.

1. _____ Con algunos amigos nos reímos y nos divertimos. Con otros estudiamos y somos muy serios. A otros los vemos mucho porque han sido compañeros de escuela desde hace muchos años. Y claro, hay otros que vemos frecuentemente porque nuestras familias se ven mucho. De cuando en cuando también tenemos amigos con quienes podemos hablar y que nos comprenden.

2. _____ Uno de los regalos fue un par de botas negras con tacón alto. Son como las que vi en la revista de modas. También recibí unos discos de un artista favorito y unos libros que quiero leer pronto. Los encontré todos bajo el árbol de Navidad.

3. _____ Todos vivimos en Nueva York. Yo vivo en un apartamento cerca del parque con mis padres, mi abuela y mi hermano. A una cuadra de nosotros viven unos tíos. Ellos tienen tres hijos. Mis tíos trabajan igual como mis padres. Mi abuela nos cuida a todos y nos estamos criando como si fuéramos hermanos. Tenemos otros tíos y primos pero ellos viven en otra parte de la ciudad y no están con nosotros tanto.

4. _____ Las mejores ventas son en agosto. Esto es porque la gente les compra mucha ropa nueva a los hijos para empezar el año escolar. En agosto se puede comprar pantalones, camisas, abrigos y zapatos a precios muy buenos. Si uno busca, encontrará unas gangas.

ESTRUCTURA

EL GÉNERO DE LOS SUSTANTIVOS QUE TERMINAN EN LAS VOCALES E, I

Los sustantivos que terminan en las vocales *e* o *i* pueden ser o femeninos o masculinos. El género de estas palabras tiene que aprenderse de memoria.

Actividad 1

Escriba las siguientes palabras. Ponga el artículo el o la ante cada una para indicar si son femeninas o masculinas. Busque las palabras que no sepa en un diccionario.

1. base	6. rubí	11. calle	16. torre	21. continente
2. accidente	7. café	12. baile	17. pie	22. lenguaje
3. gente	8. viaje	13. mueble	18. nombre	23. instante
4. sangre	9. clase	14. golpe	19. muerte	24. chocolate
5. noche	10. parte	15. nube	20. límite	25. vinagre

Actividad 2

Recordando lo que usted ya sabe del género de las palabras que terminan en las vocales a o o, escriba una oración original con las siguientes palabras. Busque las palabras que no sepa en un diccionario.

1. repaso
2. problema
3. planeta
4. cama
5. escuela

Actividad 3

Recordando lo que usted ya sabe del género de las palabras que terminan con consonante, escriba una oración original con las siguientes palabras. Busque las palabras que no sepa en un diccionario.

1. conversación
2. suéter
3. juventud
4. bondad
5. flor

ACTIVIDAD ORAL

LAS MODAS

Actividad 1

Su maestra pedirá que usted escoja uno de los siguientes temas para preparar en casa y luego presentar oralmente a la clase.

1. ¿Quiénes son las personas que deciden qué está de moda?
2. La diferencia entre la ropa de los jóvenes y la ropa de la gente mayor.

3. Descripción de un compañero/compañera que se viste bien todo el tiempo.
4. ¿Qué quiere decir vestirse bien? ¿para los jóvenes? ¿para los artistas de cine? ¿para los profesores?
5. ¿Cómo debe vestirse un joven que va a entrevistarse para un trabajo?
6. Dé una descripción de cinco playeras/camisetas que dicen cosas chistosas.

Actividad 2

Su maestra pedirá que dos alumnos se preparen para debatir las siguientes ideas en clase. Los dos alumnos deben prepararse para discutir con vigor y deben tratar de convencer a la clase. Al final de cada debate, la clase decidirá quién ganó la discusión.

Temas que invitan dos opiniones

1. Las muchachas siempre deberían usar vestido. Los pantalones son para los hombres.
2. Las escuelas no deberían permitir que se usen playeras/camisetas que dicen cosas groseras.
3. Solamente la ropa cara se ve bonita.
4. Las escuelas tienen derecho de decirles a los estudiantes cómo deben vestirse.
5. Las muchachas no deberían usar nunca zapatos de tacón alto. Es más importante la comodidad que la belleza.

CAPÍTULO IX

Al terminar este capítulo, usted podrá:

ORTOGRAFÍA

- escribir correctamente palabras frecuentes que tengan el sonido /g/
- identificar cuándo la letra _g_ suena como /g/ y cuándo suena como /h/
- recordar los usos del acento que rompe el diptongo
- escribir correctamente las 20 palabras de la sección CÓMO SE ESCRIBE

VOCABULARIO

- dar el equivalente en español de la lista de palabras inglesas incluidas en la sección LOS MEDIOS DE COMUNICACIÓN Y TRANSPORTE

LECTURA

- reconocer la idea principal de todos los párrafos en una selección e identificar los detalles de apoyo

COMPOSICIÓN

- escribir una composición sobre un programa de televisión favorito poniendo atención al contenido y a la forma

ORTOGRAFÍA

I. *EL SONIDO /G/*

A. EL SONIDO /g/ SE ESCRIBE EN ESPAÑOL CON:

g + a, o, u   gato, goma, gusto

g + ue, ui   guerra, guitarra

g + üe, üi   bilingüe, pingüino

g + r, l   alegre, globo

B. REGLAS

1. La letra _g_ no siempre representa el sonido /g/.
   La letra _g_ seguida por las vocales _e_ y _i_ representa el sonido /h/: general, gente, página.

2. La letra _u_ en las combinaciones _gue_ y _gui_ es muda.

3. Para darle sonido a la _u_ en las combinaciones _gue_ y _gui_, se usa una diéresis sobre la _u_.

Actividades

Escriba en una hoja de papel los ejercicios que siguen a continuación.

Actividad 1

Examine el uso de la letra g _en las siguientes palabras. Indique si la_ g _representa el sonido /g/ o el sonido /h/._

Ejemplos: goma /g/
            gente /h/

1. Miguel	6. registrar	11. virgen	16. algo
2. Jorge	7. pago	12. gordo	17. amigo
3. agente	8. sigue	13. alegre	18. Guzmán
4. guante	9. Guillermo	14. luego	19. seguí
5. guerrilla	10. González	15. lingüística	20. guisar

Actividad 2

Examine el uso de la letra u _en las siguientes palabras. Indique si la_ u _es muda o si tiene sonido._

1. paraguas	6. bilingüismo	11. averigüe
2. guante	7. seguido	12. Guadalajara
3. pague	8. apacigüe	13. gusto
4. antiguo	9. Domínguez	14. guisaban
5. agua	10. cigüena	15. llegue

II. *USO DE ACENTOS*

A. REPASO: ACENTOS QUE ROMPEN UN DIPTONGO. (VER TAMBIÉN EL CAPÍTULO IV)

1. Regla: El acento escrito se usa para indicar que una combinación de

vocales $\left\{\begin{array}{l} \text{fuerte} + \text{débil} \\ \text{débil} + \text{fuerte} \\ \text{débil} + \text{débil} \end{array}\right\}$ no es diptongo.

Ejemplos:

Diptongo	Ejemplo	Acento que rompe el diptongo	Ejemplo
ia	estudia	ía	María
au	jaula	aú	Raúl

2. Regla: Para decidir si una palabra tiene acento escrito para indicar que no hay diptongo, es necesario concentrarse en el sonido de la vocal débil.

Actividad 1

Su profesor pronunciará los siguientes pares de palabras. Indique en cuáles palabras se oye fuerte *y* largo *el sonido de las vocales* i *y* u. *Observe que cuando se oyen fuertes y largas, estas vocales necesitan llevar acento escrito.*

1. agua, continúa
2. necia, decía
3. indio, judío
4. oído, oigo
5. oficial, escribía

Actividad 2

Lea las siguientes oraciones con cuidado. Decida si las palabras subrayadas necesitan acento para romper el diptongo. Escriba las oraciones y ponga los acentos que se necesiten sobre la vocal débil.

1. Mi mamá no queria que Juan se fuera.
2. La señora Garcia recordó su viaje a España.
3. Mataron al espia ruso.
4. El policia se cambiaba de ropa en el rio.
5. Pedro se reia de Mario.

B. CÓMO SABER EL TIPO DE ACENTO.

1. Los acentos que rompen el diptongo se encuentran *siempre* sobre las vocales *i* y *u*, cuando éstas están en una combinación que pudiera ser diptongo:

   día   leí   púa   Raúl

2. Los acentos que marcan la sílaba tónica se encuentran:
   a. sobre las vocales fuertes *a, e, o solas o cuando forman diptongo.*

   salió   también   democrático
   llegó   débil   asiático

   b. sobre las vocales débiles *i* y *u* cuando están solas.
   Perú   rubí   seguí   límite   húmedo

Actividad 3

Escriba las siguientes palabras. Explique en cada caso si el acento escrito:

1. rompe el diptongo; o
2. marca la sílaba tónica.

Ejemplos: En María, el acento escrito rompe el diptongo.
*   En papá, el acento escrito marca la sílaba tónica.*

1. raíz   6. terminación   11. repetíamos
2. álgebra   7. situación   12. país
3. teléfono   8. león   13. baúl
4. salí   9. café   14. averiguó
5. después   10. comía   15. pagué

Actividad 4

Sin utilizar las palabras que se han usado en este capítulo, haga en cada caso una lista de cinco palabras que necesitan acento escrito para:

1. romper el diptongo.
2. marcar la sílaba tónica.

Actividad 5

Escriba y complete.

1. Los acentos _____ dependen del sonido de las vocales *i* y *u*.
2. Los acentos _____ dependen de cuál sílaba es la sílaba tónica.

III. *CÓMO SE ESCRIBE*

Lista #9

Palabras que deben saberse

1. vecino	11. avión
2. hombro	12. corazón
3. tropezar	13. ayuda
4. hecho	14. izquierdo
5. mayor	15. estrella
6. fuerza	16. hola
7. vidrio	17. juzgar
8. raya	18. lleno
9. ladrillo	19. martillo
10. cruz	20. vacaciones

Actividad 1

Copie las palabras que aparecen en la lista #9.

Actividad 2

1. ¿Qué tipo de acento tienen las palabras corazón y avión?
2. Encuentre las palabras que se escriban con _h_.
3. Encuentre las palabras que tengan el sonido /g/.
4. Encuentre las palabras que tengan el sonido /k/.
5. Encuentre las palabras en que la letra _c_ tenga el sonido /s/.
6. Encuentre las palabras que se escriban con _z_.
7. Encuentre las palabras que se escriban con _ll_.
8. Encuentre las palabras que se escriban con _y_.

Actividad 3

1. Dé el género de las siguientes palabras indicando si se usa el artículo _el_ o _la_:
   hombro, vidrio, cruz, corazón, avión, martillo
2. Divida las siguientes palabras en sílabas marcando la sílaba tónica:
   fuerza, ladrillo, izquierdo, juzgar, tropezar

Actividad 4

Escriba y complete las siguientes oraciones:

1. Una herramienta que se usa para clavar clavos es _____ .
2. Una palabra que se dice cuando se saluda a alguien es _____ .

3. Alguien que vive cerca de la casa de uno es _____ .
4. Para levantar un piano se necesita tener mucha _____ .
5. La casa de Juan está hecha de _____ y no de adobe.

Actividad 5

Escriba una oración original con las siguientes palabras:
   hombro, tropezar, raya, cruz, juzgar, lleno

Actividad 6

Escriba las siguientes oraciones y corrija los errores de ortografía en palabras tomadas de la lista #9.

1. Mi hermano major tiene una casa de virdio.
2. No es bueno juzjar a las personas por lo que han echo.
3. Me iba a trompezar con un ladrío, pero me detuve.
4. Necesité auda para subirme al abión.
5. No puedo lebantar el brazo isqierdo.

VOCABULARIO

I. *LOS MEDIOS DE COMUNICACIÓN Y TRANSPORTE*

En su cuaderno de vocabulario, escriba el equivalente en español de cada una de las siguientes palabras inglesas. Al terminar, revise su trabajo en la sección PALABRAS EN USO.

PALABRAS CLAVES

1. radio	14. bus
2. radio station	15. truck
3. radio announcer	16. car
4. television	17. pickup
5. television set	18. subway
6. channel	19. airport
7. news broadcast	20. plane
8. T.V. commercial	21. flight
9. advertisement	22. schedule
10. microphone	23. seat belt
11. railroad	24. stewardess
12. train	25. conductor
13. locomotive	

El avión

El cinturón de seguridad

La aeromoza

Leave	Arrive	Flight	Service Via

Akron, Ohio   535-5792
Canton, Ohio. (EDT)   453-8201

To Boise, Id. (MDT)
| 11:45a | 3:30p | 365 / 919 | ♥✕ Chi |
| 4:35p | 9:15p | 534 / 289 | ♥✕ Chi |

To Cancun, Mx. (CST) (◉)
7	7:30a	12:30p	431 / 39	♫ ♥✕ Chi
1	7:30a	12:30p	431 / 41	♫ ♥✕ Chi
6	7:30a	1:35p	431 / 65	♫ ♥✕ Chi
5	7:30a	1:35p	431 / 45	♫ ♥✕ Chi

To Cedar Rapids / Iowa City, Ia. (CDT)
| 11:45a | 1:44p | 365 | ♥ 1 |
| 8:15p | 10:25p | 573 / 589 | ♥ ⊕ Chi |

To Chicago, Ill. (CDT) (◉)
7:30a	7:38a (O)	431	≡ 0
11:45a	11:58a (O)	365	♥ 0
4:35p	5:39p (O)	534	♥ 1
8:15p	8:27p (O)	573	♥ ⊕ 0

To Cleveland, O. (EDT)
| 10:35p | 10:55p | 552 | — ⊕ 0 |

To Cozumel, Mx. (CST)
5	7:30a	12:35p	431 / 45	♫ ♥✕ Chi
6	7:30a	12:35p	431 / 65	♫ ♥✕ Chi
7	7:30a	1:35p	431 / 39	♫ ♥✕ Chi

To Denver, Colo. (MDT)
7:30a	11:49a	431 / 263	♫ ♥≡• Chi
11:45a	2:30p	365 / 463	♥✕• Chi
4:35p	8:12p	534 / 461	♥✕ Chi
8:15p	10:58p	573 / 237	♫ ♥ ⊕ Chi

To Des Moines, Ia. (CDT)
11:45a	2:04p	365 / 899	♥≡ Chi
4:35p	7:41p	534 / 651	♥≡ Chi
8:15p	10:37p	573 / 969	♥ ⊕ Chi

To Eugene, Ore. (PDT)
7:30a	4:22p	431 / 123 / §	♥✕• Chi
		510	/Sfo
11:45a	8:05p	365 / 107 / §	♥✕• Chi
		518	/Lax

To Hilo, Hi. (HST)
| 7:30a | 2:10p | 431 / 101 | ⊞♥✕• Chi |

To Honolulu, Hi. (HST)
7:30a	1:50p (H)	431 / 101 /	⊞♥✕★ Chi
		119	★/Lax
7:30a	2:10p (I)	431 / 101	⊞♥✕• Chi
11:45a	5:05p (H)	365 / 3	⊞♥✕★ Chi

To Houston, Tex. (CDT)
7:30a	12:45p	431 / 445	♥✕ Chi
11:45a	3:33p	365 / 883	♥✕ Chi
4:35p	9:10p	534 / 299	♥✕ Chi

To Kansas City, Mo. (CDT) (◉)
17	7:30a	10:05a	431 / 771	✕ Chi
	11:45a	2:14p	365 / 705	♥≡ Chi
16	4:35p	8:00p	534 / 897	♥≡ Chi

To Las Vegas, Nev. (PDT)
7:30a	1:45p	431 / 263 / ♫	♥≡• Chi
		995	/Den
11:45a	2:35p	365 / 711	♫ ♥✕ Chi
4:35p	9:57p	534 / 461 /	♥✕ Chi
		287	/Den
8:15p	11:25p	573 / 845	♥≡⊕ Chi

To Lincoln, Neb. (CDT)
| 7:30a | 11:23a | 431 / 495 | ≡ Chi |
| 8:15p | 8:01p | 573 / 997 | ♥≡ Chi |

To Los Angeles, / Ontario, Cal. (PDT) (◉)
7:30a	10:35a (L)	431 / 101	§ ♥✕• Chi
7:30a	11:55a (O)	431 / 211	♥✕ Chi
11:45a	3:05p (L)	365 / 107	§ ♥✕• Chi
4:35p	8:50p (L)	534 / 115	§ ♥✕• Chi
8:15p	11:45p (L)	573 / 117	♫ ♥≡⊕ Chi

To Medford, Ore. (PDT)
7:30a	2:52p	431 / 123 / §	♥✕• Chi
		508	/Sfo
11:45a	8:52p	365 / 107 / §	♥✕• Chi
		520	/Lax

To Merida, Mx. (CST)
| 1 | 7:30a | 1:46p | 431 / 41 | ♫ ♥✕ Chi |

To Minneapolis St. Paul, Minn. (CDT)
7:30a	11:30a	431 / 659	≡ Chi
11:45a	2:13p	365 / 217	♥≡ Chi
4:35p	7:52p	534 / 391	♥✕ Chi
8:15p	10:54p	573 / 929	♥ ⊕ Chi

To Moline / Rock Island, Ill. Davenport, Ia. (CDT)
| 11:45a | 1:42p | 365 / 593 | ♥ Chi |
| 4:35p | 7:13p | 534 | ♥ 2 |

To Monterey, Cal. (PDT)
| 11:45a | 3:30p | 365 / 485 | ♥✕ Chi |

To Oklahoma City, Ok. (CDT)
| 11:45a | 3:09p | 365 / 761 | ♥✕ Chi |
| 4:35p | 8:44p | 534 / 755 | ♥✕ Chi |

To Omaha, Neb. (CDT)
7:30a	11:18a	431 / 647	≡ Chi
11:45a	2:16p	365 / 831	♥≡ Chi
4:35p	8:03p	534 / 383	♥≡ Chi
8:15p	11:03p	573 / 229	♥ ⊕ Chi

To Ontario, Cal. (PDT)
| 7:30a | 11:55a | 431 / 211 | ♥✕ Chi |

To Phoenix, Ariz. (MST) (◉)
| 7:30a | 11:40a | 431 / 905 | ♥✕ Chi |
| 8:15p | 11:05p | 573 / 667 | ♥≡⊕ Chi |

To Portland, Ore. (PDT) (◉)
7:30a	12:05p	431 / 911	♥✕ Chi
11:45a	3:15p	365 / 159	♫ ♥✕ Chi
4:35p	8:40p	534 / 145	§ ♥✕• Chi

To Reno / Tahoe, Nev. (PDT)
| 4:35p | 10:23p | 534 / 461 / ♫ | ♥✕ Chi |
| | | 169 | /Den |

To Sacramento, Cal. (PDT)
7:30a	12:20p	431 / 619	♥✕ Chi
4:35p	10:33p	534 / 461 / ♫	♥✕ Chi
		165	♥/Den

To Salt Lake City, Ut. (MDT)
7:30a	12:25p	431 / 375	♥✕ Chi
11:45a	3:15p	365 / 857	♥✕ Chi
4:35p	8:50p	534 / 489	♫ ♥✕ Chi

To San Diego, Cal. (PDT)
7:30a	12:10p	431 / 199	§ ♥✕• Chi
11:45a	3:05p	365 / 171	♥✕ Chi
4:35p	8:45p	534 / 419	♥✕ Chi
8:15p	11:30p	573 / 805	♥✕ Chi

To San Francisco / Oakland / San Jose, Cal. (PDT) (◉)
7:30a	12:25p (J)	431 / 141	♥✕ Chi
7:30a	12:30p (S)	431 / 123	§ ♥✕• Chi
11:45a	3:20p (S)	365 / 121	§ ♥✕• Chi
4:35p	9:05p (S)	534 / 135	§ ♥✕• Chi
4:35p	9:10p (J)	534 / 223	♥✕ Chi
8:15p	11:45p (S)	573 / 133	♫ ♥≡⊕ Chi

To San Jose, Cal. (PDT)
| 7:30a | 12:25p | 431 / 141 | ♥✕ Chi |
| 4:35p | 9:10p | 534 / 223 | ♥✕ Chi |

To Santa Barbara, Cal. (PDT)
| 11:45a | 4:53p | 365 / 121 / § | ♥✕• Chi |
| | | 683 | /Sfo |

To Seattle / Tacoma, Wash. (PDT) (◉)
7:30a	12:10p	431 / 143	§ ♥✕• Chi
11:45a	3:05p	365 / 147	§ ♥✕• Chi
4:35p	8:45p	534 / 157	§ ♥✕• Chi
8:15p	11:40p	573 / 137	♥≡⊕ Chi

To Spokane, Wash. (PDT)
| 7:30a | 11:40a | 431 / 491 | ♥✕ Chi |
| 4:35p | 9:32p | 534 / 289 | ♥✕ Chi |

To Tampa, St. Petersburg Fla. Clearwater Fla. (EDT)
| 10:35a | 12:35p | 559 | ♥✕ 0 |

To Tucson, Ariz. (MST)
| 7:30a | 11:40a | 431 / 687 | ♥✕ Chi |

To Tulsa, Ok. (CDT) (◉)
| 11:45a | 2:59p | 365 / 231 | ♥✕ Chi |
| 4:35p | 8:31p | 534 / 363 | ♥✕ Chi |

To Vancouver, B.C. (PDT) (◉)
| 7:30a | 12:15p | 431 / 681 | ♫ ♥✕ Chi |

El horario

The friendly skies
The friendly skies

El noticiero

El radio

El televisor

**El subterráneo/
El metro**

El camión

El automóvil

La camioneta

**La locomotora/
El tren**

El autobús

Actividad 1

Explique en qué se parecen:

1. un tren y un autobús.
2. un radio y un televisor.
3. una aeromoza y un conductor.

Actividad 2

Muchas regiones del mundo hispano tienen palabras regionales para algunas de las cosas que aparecen en este capítulo. Esas palabras son correctas también y pueden usarse siempre que todos los hispanos sean de la misma región. Otras veces, hay que usar los términos del español general.

Para las siguientes palabras dé otra forma que se refiere a la misma cosa.

Ejemplo: *automóvil*
            Puerto Rico y México (norte): *carro*
            México (sur): *coche*
            Cuba: *máquina*

1. autobús   3. avión
2. camión de carga   4. noticias

Actividad 3

Escriba una oración original con 10 de las palabras del vocabulario.

LECTURA

Algunas palabras en inglés sobre el proceso de la lectura.

In Chapter 8 you worked with identifying the main idea contained in a paragraph. You understood how, generally, the topic sentence summarizes this main idea. In reading longer selections, you will be able to use the topic sentences in each of the paragraphs to give you a broad idea of what points the author is trying to make.

Most reading selections are organized as follows:

Title (gives clues to what the selection is about)

PARAGRAPH 1
Topic sentence summarizes main theme of paragraph
    a. sentence with detail
    b. sentence with detail
    etc.

PARAGRAPH 2

Topic sentence summarizes main theme of paragraph
   a. sentence with detail
   b. sentence with detail
   etc.

PARAGRAPH 3

Topic sentence summarizes main theme of paragraph
   a. sentence with detail
   b. sentence with detail
   etc.

A selection, for example, on elephants might be structured as follows:

Title: Los elefantes

PARAGRAPH 1

Topic sentence: Los elefantes son unos animales enormes.
   a. details about size
   b. comparisons with other animals
   other comments on details

PARAGRAPH 2

Topic sentence: Los elefantes son nativos de dos regiones.
   a. detail: African elephants
   b. detail: Indian elephants
   other comments on details

PARAGRAPH 3

Topic sentence: Poco a poco se van acabando los elefantes del mundo.
   a. detail: problems with hunters
   b. detail: problems with zoos
   other comments on details

In this chapter you will be asked to read two longer selections carefully. After reading each selection, you will be asked to write out an <u>outline</u> of the contents of the reading following the design presented above.

Selección #1

La violencia en la televisión

Los programas de televisión en general presentan situaciones muy violentas. Hay muertes, asesinatos, robos, pleitos, y raptos todas las noches. Parece que para tener un programa interesante, hay que presentar un crimen violento.

Los niños que ven mucha televisión se han acostumbrado a la violencia. Algunos creen que ver un robo o un asesinato es lo más natural del mundo. Muchas personas están convencidas que en el futuro estos niños vivirán vidas violentas también.

No es fácil solucionar este problema. Algunos expertos insisten en que no debería haber programas violentos en la televisión, pero otros comentan que no es ésta la responsabilidad de los productores de programación. Creen que los padres deberían controlar lo que ven sus hijos.

Actividad 1

Write an outline in Spanish of the preceding selection following the model provided.

Párrafo 1: Idea principal:
    Detalle 1:
    Detalle 2:
    Detalle 3:

Párrafo 2: Idea principal:
    Detalle 1:
    Detalle 2:
    Detalle 3:

Párrafo 3: Idea principal:
    Detalle 1:
    Detalle 2:
    Detalle 3:

Actividad 2

Adivinando palabras en contexto. Explique lo que quieren decir las siguientes palabras de acuerdo con el contexto de la selección #1.

1. solucionar
2. raptos

Selección #2

Los peligros de viajar en avión

Cada día hay más y más aviones. Hay aviones de reacción y avionetas pequeñas. La mayoría de las grandes empresas tienen sus aviones particulares para no tener que esperar los horarios de las líneas aéreas. Cada día hay más líneas regionales que prestan servicio de una ciudad de poca importancia a otra. Y por fin, una gran cantidad de personas han decidido que quieren aprender a volar. Todos parecen querer usar el espacio limitado del aire.

Los aeropuertos tienen problemas serios al tratar de servir a tantos aviones. En algunos aeropuertos hay que detener a los aviones transatlánticos mientras aterriza una pequeña avioneta. En otros, las pistas de aterrizaje son muy cortas y tienen que arreglarse antes de que puedan usarlas aviones más grandes. Cuando hay mal tiempo, nieve o neblina, los aviones se amontonan queriendo utilizar un solo aeropuerto que tenga mejor tiempo. Hay peligro de que choquen dos o más aviones al acercarse al mismo aeropuerto.

Algunos aviones, aun de las líneas aéreas más importantes, están en malas condiciones. Cuesta mucho dinero revisar los aviones completamente con frecuencia. Algún equipo es ya muy viejo. Además, hay cosas que todavía no se saben sobre la resistencia de los metales a través de los años.

Actividad 1

Escriba un esquema en español de esta selección siguiendo el modelo.

Párrafo 1: Idea principal:
  Detalle 1:
  Detalle 2:
  Detalle 3:
  Detalle 4:

Párrafo 2: Idea principal:
  Detalle 1:
  Detalle 2:
  Detalle 3:

Párrafo 3: Idea principal:
  Detalle 1:
  Detalle 2:
  Detalle 3:

Actividad 2

Adivinando palabras en contexto. Explique el significado de las siguientes palabras:

1. revisar
2. pistas de aterrizaje
3. aterriza
4. amontonan
5. neblina
6. empresas
7. prestan servicio
8. aviones de reacción
9. avionetas

COMPOSICIÓN

Escriba una composición acerca de su programa de televisión favorito.

Contenido:

1. Dé el título del programa.
2. Dé los nombres de los personajes.
3. Dé la situación que se presenta en el programa.
4. Diga si es parte de una serie que se continúa cada semana.
5. Diga si es cómico o serio.
6. Dé razones por las cuales es su programa favorito.

Forma:

1. Revise el género de todos los sustantivos.
2. Revise todos los plurales.
3. Revise el uso de acentos.

CAPÍTULO X

Al terminar este capítulo, usted podrá:

ORTOGRAFÍA
- escribir correctamente palabras frecuentes que tengan el sonido /h/
- recordar la división de sílabas y los procesos necesarios para decidir si una palabra necesita acento para marcar el golpe
- escribir correctamente las 20 palabras de la sección CÓMO SE ESCRIBE

ESTRUCTURA
- explicar lo que es un verbo
- identificar verbos en oraciones diversas
- explicar lo que es un infinitivo
- identificar infinitivos cuando se encuentran entre otras formas verbales
- dar el infinitivo de los frecuentes verbos regulares
- explicar lo que son las tres conjugaciones
- indicar a cuál de las tres conjugaciones pertenecen los verbos

LECTURA
- identificar ideas principales en selecciones más largas

ORTOGRAFÍA

I. *EL SONIDO /h/*

A. EL SONIDO /h/ SE ESCRIBE EN ESPAÑOL CON:

j + *a, e, i, o, u* *ja*rra, *Je*sús, te*ji*do, *jo*ven, *ju*go

j al final de la palabra relo*j*

g + *e, i* *ge*nte, pá*gi*na

B. REGLAS BÁSICAS

1. Los sonidos /ha/, /ho/ y /hu/ sólo pueden escribirse con la letra _j._

2. Los sonidos /he/ y /hi/ se escriben con _g_ en algunas palabras y con _j_ en otras palabras. Como el sonido es igual, hay que recordar cuál letra se usa en cuál palabra.

C. REGLAS PRÁCTICAS

1. Hay más palabras donde /h/ ante _e, i_ se escriba con _g_. En caso de duda, escriba _ge, gi_ para /he/ y /hi/.

2. Estudie las siguientes listas de palabras frecuentes y consúltelas en caso de duda.

1. Palabras que escriben el sonido /h/ con _g_:

agente	generación	original
ángel	general	página
coger	generoso	privilegio
colegio	gente	proteger
corregir	genio	recoger
dirigir	imaginación	registrar
elegir	inteligencia	religión
energía	inteligente	tragedia
escoger	mágico	urgente
exigir	origen	virgen

2. Palabras que escriben el sonido /h/ con _j_:

agujero	ejemplo	extranjero
ajeno	ejercicio	jefe
callejero	ejército	jinete
consejo	objeto	tejer
majestad	reloj	tejido
mejilla	sujeto	viajero
monje	tarjeta	viaje
mujer	tejado	

3. Palabras que terminan en -*aje*:

coraje   pasaje
homenaje   personaje
lenguaje   salvaje
paisaje   traje

Actividades

Escriba los ejercicios que siguen en una hoja de papel.

Actividad 1

Escriba cinco palabras para cada uno de los siguientes sonidos:

1. /ho/   3. /ha/   5. /hi/
2. /hu/   4. /he/

Actividad 2

Escriba las oraciones que siguen. Subraye todos los ejemplos en que se encuentre el sonido /h/.

1. El joven bajó la escalera jadeante y sin energía.
2. ¿En qué página dijiste que está el retrato del reloj?
3. Jorge dejó su navaja en el colegio.
4. Junto a mí recogí una tarjeta de Navidad.
5. El viejo siempre viajaba con gente inteligente y religiosa.

Actividad 3

Escriba las oraciones de la Actividad 2 cuando se las dicte su profesor.

Actividad 4

Escriba los equivalentes en español de las siguientes palabras inglesas. Ponga atención al sonido /h/ y la letra con que se escribe este sonido.

1. trip   6. page
2. woman   7. choose
3. people   8. protect
4. language   9. card
5. cheek   10. suit

II. *ACENTUACIÓN*

Actividad 1

Las palabras de las siguientes oraciones están divididas en sílabas. Cópielas en una hoja de papel, marque la sílaba tónica y decida si la palabra necesita acento.

Reglas: *vocal, n, s:* *d, l, m, r, y, z:* *todas:*

	⊙				⊙			⊙	⊙		
3	2	1		3	2	1		4	3	2	1

1. El ejercito se fue ayer para Uruguay.

   e - jer - ci - to   a - yer   pa - ra   U - ru - guay

2. La segunda pagina esta escrita en frances.

   se - gun - da   pa - gi - na   es - ta   fran - ces

3. La tia de Hector estudia medicina en Paris.

   ti - a   Hec - tor   es - tu - dia   me - di - ci - na   Pa - ris

4. Raul es el hermano del profesor de matematicas.

   Ra - ul   her - ma - no   pro - fe - sor   ma - te - ma - ti - cas

III. *CÓMO SE ESCRIBE*

Lista #10

Palabras que deben saberse

1.	comienzo	11.	miércoles
2.	mezcla	12.	jueves
3.	pedazo	13.	viernes
4.	taza	14.	sábado
5.	cierro	15.	domingo
6.	cerrar	16.	aprobar
7.	oído	17.	bastante
8.	abrigo	18.	bandera
9.	lunes	19.	ángel
10.	martes	20.	gente

Actividad 1

Copie las palabras que aparecen en la lista #10.

Actividad 2

1. Lea en voz alta las palabras que se escriban con la letra *zeta*.
2. Lea en voz alta las palabras que se escriban con la letra *ese*.
3. Lea en voz alta las palabras en las cuales la letra *ge* represente el sonido /g/.
4. Lea en voz alta las palabras en las cuales la letra *ge* represente el sonido /h/.

Actividad 3

1. Lea en voz alta todas las palabras de la lista #10 que tengan acento escrito.
2. Identifique el tipo de acento. Diga si el acento es *a* (acento que rompe el diptongo) o si es *b* (acento que marca la sílaba tónica).

Actividad 4

1. Indique el género de las siguientes palabras y léalas en voz alta usando la forma del artículo definido según el caso:

   mezcla   pedazo   taza   oído   abrigo   bandera   ángel   gente

2. Traduzca al español las siguientes oraciones notando cómo se expresan los días de la semana en estos casos:

   a. We are going there on Thursday.   *Vamos a ir allá el jueves.*
   b. They visit their mother every
      Sunday.   *Visitan a su mamá todos los domingos.*
   c. Labor Day is always on a Monday.
   d. The pom-pom girls always meet on
      Wednesdays.
   e. They will arrive on Tuesday.

3. Escriba cinco oraciones originales usando los días de la semana.

Actividad 5

Escriba y complete las siguientes oraciones:

1. Hoy comien__a la película que queremos ver.
2. El mi__rcole__ había mucha __ente en el cine.
3. Dame un peda__o de pan.

Actividad 6

Escriba en cada caso la palabra que esté escrita correctamente.

1. ciero   ceirro   cierro
2. jeuves   juebes   jueves
3. oído   oido   óido

ESTRUCTURA

I. *EL INFINITIVO Y LAS TRES CONJUGACIONES*

A. LOS VERBOS.

Definición: Los verbos son palabras que expresan acciones, cambios, movimientos y estados.

Ejemplos: Las palabras subrayadas en las siguientes oraciones son verbos:

1. María *come* mucho.
2. El equipo de fútbol *perdió* el juego.
3. Marta *es* muy bonita.
4. Miguel se *puso* muy gordo.

Actividad 1

Identifique los verbos en las siguientes oraciones:

1. Pedro tiene mucho frío.
2. Yo conozco a tu hermana.
3. Anoche bailé con un muchacho muy guapo.
4. ¿Dónde vive Elena?
5. La profesora de matemáticas es muy estricta.

B. LOS INFINITIVOS.

Definición 1:   Todos los verbos tienen una forma *básica*. Esta forma *básica* se llama el *infinitivo*.

Definición 2:   Los infinitivos siempre terminan en *-ar, -er,* o *-ir.*

Ejemplos: Infinitivos que terminan en *-ar*:   hablar, contestar, estudiar
Infinitivos que terminan en *-er*:   comer, volver, vender
Infinitivos que terminan en *-ir*:   abrir, escribir, subir

C. REGLA PRÁCTICA:

Las formas de un mismo verbo pueden ser muy diferentes, pero tienen el mismo infinitivo (la misma forma básica).

Ejemplos: *Algunas formas posibles del mismo verbo*   *Infinitivos* (forma básica)

hablé	hablaron	hablo	hablaba	habl*ar*
comiste	comió	comían	comeremos	com*er*
abrí	abríamos	abriste	abriré	abr*ir*

Actividades

Actividad 1

En una hoja de papel, escriba los infinitivos que se encuentran en las siguientes listas. Recuerde: los infinitivos siempre terminan en -ar, -er, o -ir.

1. represento
2. repetir
3. dejaban
4. quiero
5. dormir
6. sabían
7. agarrar
8. visitan
9. cenaron
10. obedecer
11. buscaste
12. conocer
13. ayudan
14. ayudaban
15. ayudar
16. preguntamos
17. acabar
18. aprender
19. morir
20. vivían

Actividad 2

Escriba la forma básica (el infinitivo) de los siguientes grupos de formas verbales.

Ejemplo: *Formas verbales del mismo verbo*   *Infinitivo*
       trabajas, trabajaría, trabajábamos   trabajar

1. prestamos, prestan, prestaste
2. llegarán, llegaban, llego, llegas
3. mete, meto, metemos, metían
4. regañas, regañaste, regañaron
5. aprendí, aprendíamos, aprendiste
6. estudié, estudiamos, estudio
7. limpian, limpiaban, limpiaron
8. comprendes, comprenderás, comprendo
9. compramos, compré, comprábamos
10. lloro, lloraron, llorabas

Actividad 3

Escriba tres formas verbales distintas para cada uno de los siguientes infinitivos.

Ejemplo: *Infinitivo*: esconder   *Formas verbales*: escondo, escondian, escondes

1. matar
2. besar
3. abrazar
4. bañar
5. despertar
6. tener
7. vivir
8. decidir
9. discutir
10. prestar

Actividad 4

Escriba el infinitivo de los siguientes verbos. Sólo se da aquí una *forma de cada verbo.*

Ejemplo: mandamos   *Infinitivo*: mandar

1. ayudan
2. lavaban
3. burlaste
4. deseo
5. bailamos
6. anuncian
7. dejé
8. necesitamos
9. andaban
10. correremos
11. presentó
12. escribiste
13. cantó
14. retratábamos

Actividad 5

Conceptos: *Escriba y complete las siguientes oraciones.*

1. Una palabra que expresa una acción o un estado es un _____ .
2. Las formas básicas de los verbos se llaman _____ .
3. Los infinitivos siempre terminan en __ , __ , o __ .

II. *LAS TRES CONJUGACIONES*

A. DEFINICIÓN 1:

En español hay tres clases o tipos de verbos. Estas tres clases se llaman: la primera conjugación, la segunda conjugación y la tercera conjugación.

1. Los verbos que tienen infinitivos que terminan en *-ar* son verbos de la primera conjugación.
2. Los verbos que tienen infinitivos que terminan en *-er* son verbos de la segunda conjugación.
3. Los verbos que tienen infinitivos que terminan en *-ir* son verbos de la tercera conjugación.

Ejemplos: *Infinitivos*   *Clase a la cual pertenece el verbo*

hablar, contestar, bailar   verbos de primera conjugación
comer, comprender, vender   verbos de segunda conjugación
escribir, abrir, vivir   verbos de tercera conjugación

Actividad 1

Diga a qué clase (conjugación) pertenecen los siguientes infinitivos.

1. decir
2. responder
3. conseguir
4. reír
5. oír
6. pensar
7. regresar
8. comprar
9. componer
10. correr

Actividad 2

   1. Escriba cinco ejemplos de infinitivos que pertenecen a la primera conjugación.
   2. Escriba cinco ejemplos de infinitivos que pertenecen a la segunda conjugación.
   3. Escriba cinco ejemplos de infinitivos que pertenecen a la tercera conjugación.

   B. REGLA PRÁCTICA:

   Para saber a qué conjugación pertenece un verbo, hay que examinar primero el infinitivo.

   Ejemplo: Para saber a qué conjugación pertenece la forma verbal *rezo*, se da el infinitivo *rezar* y así se decide que es verbo de la primera conjugación.

Actividad 3

Divida una hoja de papel en tres columnas. Escriba la información que se pide para cada forma verbal.

COLUMNA I	COLUMNA II	COLUMNA III
Forma verbal	Infinitivo	Conjugación a la cual pertenece
1. roncamos	roncar	primera conjugación
2. decidíamos	decidir	_____
3. lavaban	_____	_____
4. quería	_____	_____
5. brincaste	_____	_____
6. cumplieron	_____	_____
7. ensuciamos	_____	_____
8. borré	_____	_____
9. jugaré	_____	_____
10. damos	_____	_____

LECTURA

   In the previous chapter you were asked to read two longer selections and outline them, picking out the main idea and the supporting details. Now you will be asked to read and find the most important ideas expressed. As you read remember that in a paragraph one central idea is usually expressed, and the other sentences give more details. That principal sentence can be any one; however, it is usually the first sentence in the paragraph.

   Read the selection that follows carefully. Note the main idea of each paragraph and of the selection as a whole.

A.   Ser un buen deportista es algo admirable, algo a que muchos desean llegar. Ser un campeón es todavía mejor—un campeón es como el rey de los deportistas de su especialidad, un rey que puede ser destronado mañana, pero que de momento es, indudablemente, el mejor, el ejemplo perfecto.

B. Manuel Orantes ha llegado a esta cima del deporte, en un campo que hoy está muy en boga, el tenis. Su victoria en el Campeonato Abierto de Tenis de Estados Unidos, en Forest Hills fue una victoria elegante, una victoria de la cabeza tanto como de los músculos, del corazón tanto como de la cabeza. Orantes fue, indiscutiblemente, el mejor. El público enloqueció, muchos gritaban "Ma-no-lo, Ma-no-lo, arriba..."

C. No era una victoria fruto de la casualidad, sino de un entrenamiento muy duro y una experiencia ya considerable. Manolo Orantes había ya conquistado títulos de campeón nacional en Alemania, Inglaterra (la Cancha Dura Inglesa), Suecia, Canadá, y Monte Carlo. Pero la victoria de Forest Hills, frente a Jimmy Connors, uno de los más fuertes y duros tenistas del mundo, fue su más espectacular momento de gloria. Casi nos olvidamos de mencionar que ganó, además de la simbólica copa de plata, un automóvil, veinticinco mil dólares, y un anillo de diamantes.

D. Manuel Orantes nació en Granada (España) en 1949, en el seno de una familia modesta. Su padre, optometrista, se trasladó con toda la familia a Barcelona cuando Manolo tenía solamente dos años de edad. En Barcelona se educó, y allí se despertó, muy temprano, su vocación por el deporte. A los diez años recogía pelotas en un club de tenis. Cuando se marchaban los jugadores, jugaba en las canchas del club con sus jóvenes amigos también recogedores de pelotas. Durante uno de aquellos partidos semi-clandestinos fue observado por algunos socios, que se dieron cuenta de su gran talento y lo ayudaron a seguir practicando, costeando algunas lecciones con un entrenador. Había empezado su carrera.

E. A los dieciocho años Orantes ganó la Copa Galea, reservada a los jugadores principiantes. Orantes se abría paso así, en un deporte que en España está casi exclusivamente reservado a las clases altas, ya que es muy caro hacerse socio de los clubs deportivos en que se puede practicar el tenis. Su gran talento, su férrea voluntad, y una fuerza física poco común, además de una cabeza clara que puede juzgar las debilidades de los otros jugadores, le abrieron rápidamente las puertas del éxito internacional.

F. Orantes es un hombre sencillo, sin pretensiones, que se mueve con elegancia y naturalidad tanto en una cancha de tenis como en un círculo de diplomáticos. Es de tamaño mediano, fuerte, muscular, con ojos intensos bajo cejas pobladas, y cabello negro y abundante. Habla el inglés bastante bien y, como todo buen deportista, no se da aires de ser superior, de "prima donna" o de superhombre. Al contrario, aprecia y admira a los otros jugadores, sus rivales, y no quiere insistir demasiado en la importancia de su victoria.

Actividad 1

Indique el párrafo que habla de lo siguiente:

1. la juventud de Orantes
2. cómo es ahora

3. los títulos de campeón nacional
4. su primer campeonato
5. a quién le ganó en Nueva York

Actividad 2

Conteste las siguientes preguntas.

1. ¿Cuál es el tema general del párrafo A?
2. ¿De qué habla el párrafo B?
3. ¿Cuál es la idea principal del párrafo C?
4. ¿Por qué es un poco sorprendente que Orantes sea un jugador de tenis?

Actividad 3

Explique lo que quieren decir las siguientes palabras en este artículo.

1. modesta   3. costeando
2. vocación   4. socio

CAPÍTULO XI

Al terminar este capítulo, usted podrá:

ORTOGRAFÍA
- dar una lista de las palabras monosilábicas que se distinguen por el uso del acento
- poner acentos para diferenciar palabras iguales
- escribir correctamente las 20 palabras de la sección CÓMO SE ESCRIBE

VOCABULARIO
- dar el equivalente en español de la lista de palabras inglesas incluidas en la sección VERBOS FRECUENTES

LECTURA
- inferir ideas que se encuentran implícitas en un pasaje

COMPOSICIÓN
- escribir una carta familiar / amistosa
- inferir ideas de una carta familiar escrita por un compañero

---

ORTOGRAFÍA

I. *OTRA RAZÓN POR LA CUAL SE USA EL ACENTO ESCRITO*

A. EL ACENTO ESCRITO EN ESPAÑOL.

Los acentos escritos en español se usan para:

1. romper un diptongo.
2. marcar la sílaba tónica.
3. diferenciar palabras iguales.

B. EL ACENTO ESCRITO PARA DIFERENCIAR PALABRAS IGUALES.

Regla: Se usa un acento escrito para diferenciar el significado de dos palabras iguales.

Ejemplos: *lleva acento*   *no lleva acento*
            tú (you), subject pronoun   tu (your), possessive pronoun
            Tú eres hombre.   Tu libro es azul.

Regla práctica: Para usar acentos de diferenciación, hay que *aprender de memoria* los siguientes pares de palabras según su uso y significado.

	Lleva acento			No lleva acento	
Palabra	Uso	Significado	Palabra	Uso	Significado
tú	pronombre sujeto *Tú* eres bueno.	you	tu	pronombre posesivo *Tu* mamá es bonita.	your
él	pronombre sujeto *Él* es mi hermano.	he	el	artículo definido *El* lápiz se perdió.	the
dé	forma verbal de *dar* Quiero que me *dé* dinero.	give	de	preposición Juan es *de* Nueva York.	of, from
mí	pronombre Me lo dio a *mí*.	me	mi	pronombre posesivo *Mi* libro es verde.	my
sé	forma verbal de *saber* Yo *sé* esa canción.	I know	se	pronombre reflexivo José *se* levantó tarde.	different meanings (e.g., "himself")
más	adverbio Pedro tiene *más* dinero que yo.	more	mas	conjunción Somos amigos, *mas* si me traiciona, no lo perdonaré.	but (pero)
té	sustantivo Quiero una taza de *té*.	tea	te	pronombre Ayer *te* vi en el cine.	you, (to) you, (for) you
sólo	adverbio Tengo *sólo* diez centavos.	only	solo	adjetivo Juan está *solo*.	alone, lonely
aún	adverbio *Aún* quiero a mi primer novio.	still	aun	adverbio Ella andaba descalza *aun* cuando estaba nevando.	even though

Escriba los ejercicios que siguen en una hoja de papel.

Actividad 1

Escriba el significado en inglés de las siguientes palabras:

1. dé	4. té	7. te	10. mas	13. tu	16. el
2. mí	5. solo	8. sé	11. él	14. sólo	17. aun
3. más	6. tú	9. mi	12. aun	15. de	18. se

C. El acento en palabras de una sola sílaba.

Regla 1: Las palabras de una sílaba llevan acento sólo en casos en que haya que diferenciarlas de otra palabra igual.

Regla 2: Las palabras de una sola sílaba que no están en la lista anterior *no llevan acento nunca.*

Actividad 2

Escriba las oraciones que siguen y examine todas las palabras de una sola sílaba que se encuentren en ellas. Ponga acentos donde sea necesario.

1. Pedro se sentó en la silla verde.
2. A mi me parece que ese muchacho no te quiere.
3. Tu no sabes de quién estoy hablando.
4. No me gusta el café. Prefiero tomar te.
5. Elena tiene mas tiempo aquí que yo.
6. Mi mamá y tu mamá se conocen bien.
7. ¿De quién es este libro?
8. Es de María.
9. Solo me falta acabar un problema de álgebra.
10. El novio de Marta es muy alto.
11. Yo se que tu no me quieres.
12. Ese regalo es para mi.
13. Te dije que no quería volver a ver a Juan.
14. El se encontró a mi hermano ayer.
15. Me siento muy solo ahora que se fue mi mejor amigo.

Actividad 3

Escriba una oración original con cada una de las siguientes palabras.

1. tú	3. dé	5. más	7. el	9. mí
2. él	4. sólo	6. de	8. mi	10. tu

Actividad 4

Encuentre los errores de acentos de diferenciación en las siguientes oraciones. Escriba las oraciones corrigiendo los errores.

1. Tú perro es gordo.
2. Mí mamá tiene él libro de Roberto.
3. Té vi ayer.
4. ¿Te gusta el te?
5. Necesito que me de mi libro.

Actividad 5

Escriba las siguientes oraciones. Ponga los acentos necesarios concentrándose en las palabras de una sílaba.

1. El muchacho no es mi primo pero se parece a ti.
2. Yo no se de dónde es Roberto, pero se acostó temprano anoche.
3. Te dije ayer que tu eres mi hermana favorita.
4. A mi me gusta mas el fútbol que el béisbol.

II. *CÓMO SE ESCRIBE*

Lista #11

Palabras que deben saberse

1. pieza	11. afuera
2. riqueza	12. bajar
3. abrir	13. juventud
4. abierto	14. marido
5. aburrir	15. origen
6. barato	16. colorado
7. balcón	17. letrero
8. página	18. reloj
9. aire	19. puro
10. bolsa	20. enojado

Actividad 1

Copie las palabras que aparecen en la lista #11.

Actividad 2

1. Lea en voz alta las palabras que se escriban con _b_.
2. Lea en voz alta las palabras que se escriban con _z_.
3. Lea en voz alta las palabras que tengan el sonido /h/.
4. Lea en voz alta las palabras que tengan el sonido /k/.

Actividad 3

1. Lea en voz alta las palabras que tengan acento escrito.
2. Identifique el acento como:
   a. acento que rompe el diptongo.
   b. acento que marca la sílaba tónica.
   c. acento para diferenciar palabras iguales.
3. Lea en voz alta las palabras que tengan diptongo.

Actividad 4

Lea en voz alta los infinitivos que aparecen en la lista #11 e indique en cada caso la conjugación a que pertenecen.

Actividad 5

Lea en voz alta las palabras de la lista #11 que expresen conceptos opuestos:

1. contento	6. pobreza
2. adentro	7. mujer
3. subir	8. impuro
4. caro	9. divertir
5. cerrado	10. vejez

Actividad 6

1. Forme el plural de las siguientes palabras (ponga atención a los acentos):
   reloj   aire   origen   bolsa   balcón   marido
2. Forme el femenino de los siguientes adjetivos:
   barato   enojado   colorado   puro

Actividad 7

Escriba una oración original usando cada una de las siguientes palabras:

pieza   página   afuera   letrero   riqueza

Actividad 8

Escriba la forma correcta.

1. bolsa   bolza   bolsá   bólsa
2. colorao   cólorado   colorado   colorádo
3. orijen   origen   orígen   orígén

VOCABULARIO

I. *VERBOS FRECUENTES*

En su cuaderno de vocabulario, escriba el equivalente en español de cada una de las siguientes palabras inglesas. Al terminar, revise su trabajo en la sección **PALABRAS EN USO.**

PALABRAS CLAVES

1. look (see)	13. lift
2. hear	14. take/catch
3. smell	15. pull
4. touch	16. push
5. taste	17. cry
6. smile	18. wash
7. laugh	19. clean
8. chew	20. scrub
9. frown	21. dry
10. jump	22. build
11. run	23. cut
12. throw	24. paint

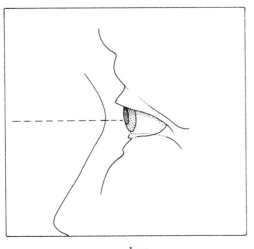

ver, mirar

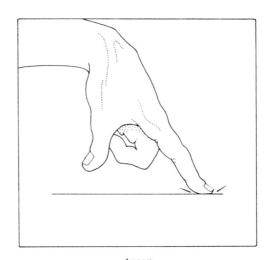

tocar

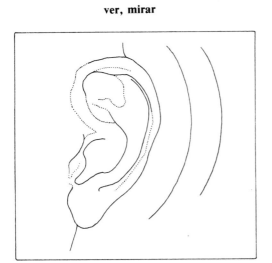

oír

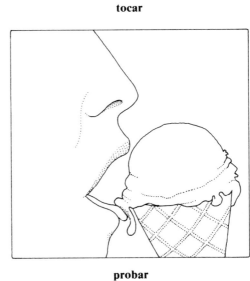

probar

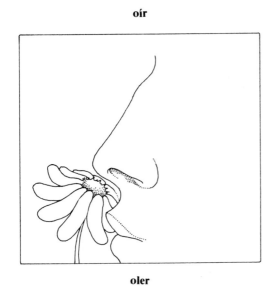

oler

sonreír

reír

brincar/saltar

masticar

correr

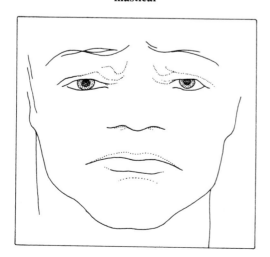

fruncir la frente

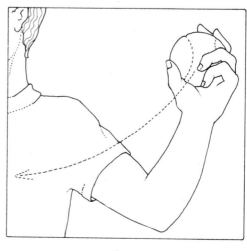

tirar

empujar

levantar

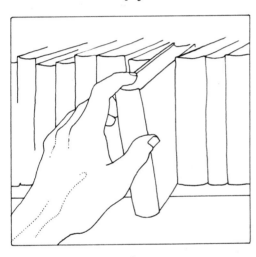

tomar/coger

llorar

halar

lavar

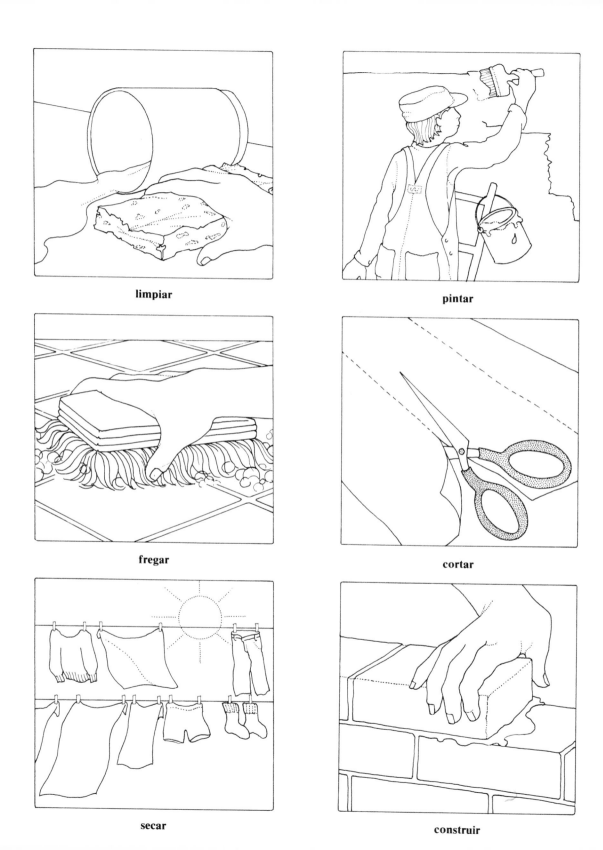

limpiar

pintar

fregar

cortar

secar

construir

Actividad 1

Identifique cada uno de los verbos que se encuentra en este capítulo clasificándolos según el tipo de conjugación a que pertenece.

Actividad 2

Escriba una oración original con cada uno de los verbos.

Actividad 3

Explique la diferencia entre los siguientes verbos:

oír / ver	brincar / correr	reír / sonreír
llorar / reír	lavar / secar	

Actividad 4

Explique qué tienen en común las siguientes acciones:

probar / masticar	levantar / llevar
llevar / traer	limpiar / fregar

Actividad 5

Dé las formas que usted generalmente usa para hablar de las siguientes acciones. Recuerde que es posible que usted use palabras muy correctas, típicas de una región, o que haya pedido prestada alguna forma del inglés.

1. push
2. catch / take
3. pull
4. scrub
5. wash

LECTURA

Algunas palabras en inglés sobre el proceso de la lectura.

In the previous chapters, you have been told something about paragraph organization and structure and you have seen how writers generally start with a main idea. You have seen also that normally the main idea is contained in a topic sentence which the other sentences in the paragraph explain further.

There are many times, however, when a writer expects the reader to figure out some things for him/herself. Often, instead of writing in *every* detail that expands upon the topic sentence or main idea, the writer simply expects that readers will make *inferences*, that is, will use their real-world knowledge to figure out connections and relationships.

In learning how to become a skilled reader in any language, students must see beyond what there is to what the writer means or is indirectly trying to get across. Learning how to make inferences takes a little practice when it involves reading selections in textbooks or articles, but generally people make inferences every time they read.

For example, suppose you read a letter that said the following:

Dear Joan,

Thanks so much for remembering me on my birthday. I wish there were more people like you in my life.

I am doing better now, slowly getting my strength back. It'll be a while before I'll want to start digging ditches, but at least I'm caught up on all of my typing.

Love,

Mary

Copy the statements that you can infer after reading it:

1. The person reading the letter sent a present or a card to the writer.
2. The person feels lonely and doesn't have too many people who remembered her.
3. She has been sick.
4. She does some kind of work for a living.
5. She is not as behind as she thought she might be.

In a similar manner in this chapter, you will be working at learning how to make inferences when you read in Spanish. The exercises are designed to make you draw conclusions and assume details about time, place, etc., when only some of the details are given.

Actividad 1

Lea los párrafos que siguen. Después de cada selección se encuentra un ejercicio. Complete cada ejercicio copiando las oraciones que se puedan inferir después de leer la selección.

A. Ya no aguantaba más. Tenía que defenderse. Los otros se lo iban a pagar. Tenía un plan estupendo.
Miguelito sabía muy bien que no debía pelear pero esto no era lo mismo. Después de mañana al mediodía ya no le quitarán la comida. La verdad es que después de probarla nunca más van a querer quitársela.

¿Qué se puede inferir?

1. Miguelito está muy enojado con unos muchachos.
2. Él siempre está peleando con los otros.
3. Va a poner algo horrible en su comida.
4. Miguelito cree que no lo molestarán después de mañana.
5. Miguelito va a cobrarles la comida.

B. Querida Carmen,

Recibí tu carta. No sabes cuánto me alegró recibirla. Es difícil estar tan lejos para los cumpleaños pero ahora me siento mejor. El año que viene no tendré este problema porque pienso buscar trabajo cerca de casa. Espero poder verlos todos más seguido.

Todo va bien aquí. Después de unos años ya no es tan difícil como antes. Debe ser porque ya me acostumbré a tanto escribir.

Gracias por tu carta. Recibe un abrazo de tu hermana,

Marta

¿Qué se puede inferir de esta carta?

1. Marta vive cerca de su familia.
2. Carmen llamó a Marta.
3. Carmen está estudiando lejos de su familia.
4. Marta va a terminar los estudios este año.
5. Marta echa de menos a su familia.

C. *La maldición*

A las cuatro se enfermó el más chico. Tenía apenas nueve años pero como ya le pagaban por grande trataba de emparejarse con los demás. Empezó a vomitar y se quedó sentado, luego se acostó. Corrieron todos a verlo atemorizados. Parecía como que se había desmayado y cuando le abrieron los párpados tenía los ojos volteados al revés. El que se le seguía en edad empezó a llorar pero le dijo luego que se callara y que ayudara a llevarlo a casa. Parecía que se le venían calambres por todo el cuerpecito. Lo llevó entonces cargado él solo y se empezó a decir otra vez que por qué.

¿Por qué a papá y luego a mi hermanito? Apenas tiene los nueve años. ¿Por qué? Tiene que trabajar como un burro enterrado en la tierra. Papá, mamá, y éste mi hermanito, ¿qué culpa tienen de nada?

Cada paso que daba hacia la casa le retumbaba la pregunta ¿por qué? Como a medio camino se empezó a enfurecer y luego comenzó a llorar de puro coraje. Sus otros hermanitos no sabían qué hacer y empezaron ellos también a llorar, pero de miedo. Luego empezó a echar maldiciones. Y no supo ni cuándo, pero lo que dijo lo había tenido ganas de decir desde hacía mucho tiempo. Maldijo a Dios. Al hacerlo sintió el miedo infundido por los años y por sus padres. Por un segundo vio que se abría la tierra para tragárselo. Luego se sintió andando por la tierra bien apretada, más apretada que nunca. Entonces le entró el coraje de nuevo y se desahogó maldiciendo a Dios. Cuando vio a su hermanito ya no se le hacía tan enfermo. No sabía si habían comprendido sus otros hermanos lo grave que había sido su maldición.

(*Y no se lo tragó la tierra*, Tomás Rivera)

¿Qué se puede inferir?

1. Todos los hermanos trabajan como hombres.
2. Después de maldecir a Dios, no pudo dejar de temblar.
3. El que habla está furioso por la injusticia que ve en la vida.
4. El papá se había enfermado de la misma manera.
5. El niño se mejoró enseguida al llegar a casa.

COMPOSICIÓN

1. Escriba una carta de tres párrafos a un buen amigo o a una buena amiga. Hable de cosas que han pasado últimamente dando solamente los detalles necesarios.

2. Revise la carta buscando errores de:
   a. género
   b. pluralización
   c. acentuación

3. Su profesor le pedirá que intercambie su carta con un compañero. Después de leer la carta del compañero, haga una lista de ideas que la carta no dice pero que pueden inferirse.

CAPÍTULO XII

Al terminar este capítulo, usted podrá:

ORTOGRAFÍA
- usar acentos en palabras que hacen preguntas
- escribir correctamente las 20 palabras de la sección CÓMO SE ESCRIBE

VOCABULARIO
- dar el equivalente en español de la lista de palabras inglesas incluidas en la sección LA CASA

ESTRUCTURA
- identificar los pronombres que se usan como sujetos de una oración
- escoger pronombres que sustituyan nombres correctamente
- identificar oraciones en las cuales el pronombre (o nombre) y el verbo no concuerden

LECTURA
- utilizar las técnicas de repaso rápido (skimming) y búsqueda rápida (scanning)

COMPOSICIÓN
- corregir errores en dos pasajes distintos

ORTOGRAFÍA

I. *LOS ACENTOS DE DIFERENCIACIÓN*

A. DEFINICIÓN COMPLETA.

Llevan acento de diferenciación:

1. las palabras de una sílaba cuando hay que diferenciarlas de otras palabras iguales.
2. algunas palabras de más de una sílaba cuando se usan para hacer preguntas.

B. PALABRAS QUE SE USAN PARA HACER PREGUNTAS.

Regla: Llevan acento las siguientes palabras cuando se usan para hacer una pregunta:

como   cuando   donde   que   por que

cual(es)   cuanto/a/os/as   quien(es)

Ejemplos: *Hacen pregunta*   *No hacen pregunta*
1. ¿*Qué* estás haciendo?   1. El niño *que* se enfermó es mi hermano.
2. ¿*Cómo* te llamas?   2. Hazlo *como* tú quieras.
3. ¿*Cuándo* te vas?   3. Voy a ir *cuando* tenga dinero.
4. ¿*Dónde* está Pedro?   4. Hay una casa *donde* antes estaba una tienda.

C. LOS ACENTOS EN LAS PALABRAS QUE SE USAN PARA HACER PREGUNTAS.

Regla: Los acentos en las palabras que se usan para hacer preguntas se ponen en la vocal fuerte de la sílaba tónica.

Ejemplos: cómo   qué
cuándo   por qué
cuál   dónde
quién   cuánto

Actividades

Escriba los ejercicios que siguen en una hoja de papel.

Actividad 1

Escriba cinco preguntas originales usando las palabras que se usan para hacer preguntas y poniendo los acentos necesarios.

Actividad 2

Escriba cinco oraciones originales que no sean preguntas usando las mismas palabras (que, cuando, como, etc.).

Actividad 3

Copie las oraciones que siguen. Ponga los acentos de diferenciación que se necesiten.

1. ¿Por que no quieres ir al baile?
2. ¿Cuanto cuesta el libro que me enseñaste?
3. ¿Que te dijo Daniel de mí?

4. No quiero ir porque sé que ella va a ir con su nuevo novio.
5. ¿Cuando te habló por teléfono Jaime?
6. Mi mamá me dijo que me fuera y que no la estuviera molestando.
7. ¿Cuantos hermanos tienes?
8. Se ensució la mesita donde tenía yo mis papeles.
9. ¿Quien te dijo eso de Patricia?
10. ¿A quienes viste en el cine?

II. *CÓMO SE ESCRIBE*

Lista #12

Palabras que deben saberse

1.	pozo	11.	manera
2.	tristeza	12.	boda
3.	balanza	13.	tarea
4.	barrio	14.	tejido
5.	barro	15.	tarjeta
6.	empujar	16.	raro
7.	elegir	17.	dejar
8.	oro	18.	jefe
9.	proteger	19.	toro
10.	corona	20.	manejar

Actividad 1

Copie las palabras que aparecen en la lista #12.

Actividad 2

1. Lea en voz alta las palabras de la lista que tengan el sonido /h/.
2. Lea en voz alta las palabras de la lista que tengan el sonido /h/ escrito con la letra g.
3. Lea en voz alta las palabras de la lista que tengan el sonido /h/ escrito con la letra j.
4. Lea en voz alta las palabras que tengan el sonido /k/.
5. Lea en voz alta las palabras que se escriban con la letra z.

Actividad 3

1. Encuentre los infinitivos que aparecen en la lista #12.
2. Diga a qué conjugación pertenece cada infinitivo.
3. Encuentre las palabras femeninas que aparecen en la lista.
4. Encuentre las palabras masculinas que aparecen en la lista.

Actividad 4

Use los siguientes grupos de palabras en una sola oración.

Ejemplo: *cárcel, prisionero, fea*   El prisionero está en una cárcel fea.

1. empujar, corona, toro
2. proteger, barrio, jefe
3. dejar, oro, tarjeta
4. manejar, manera, raro/a
5. tristeza, pozo, boda

Actividad 5

Escriba las siguientes oraciones corrigiendo los errores de ortografía.

1. Yo no sé manegar muy bien.
2. Mis guantes están tegidos con estambre que puede lavarse.
3. Para entrar allí necesitas una targeta de identificación.
4. Me da mucha tristesa en las boras.
5. ¡Qué raro, hoy no tengo tadea en mi clase de álgebra!

Actividad 6

Escriba y complete las siguientes oraciones con palabras de la lista #12.

1. Una _____ se usa para pesar fruta en ese mercado.
2. Vamos a _____ un nuevo presidente.
3. A ese torero, lo corñó un _____ .
4. Cada quien baila a su _____ .
5. Los reyes usaban _____ de _____ .

VOCABULARIO

I. *LA CASA*

En su cuaderno de vocabulario, escriba el equivalente en español de cada una de las siguientes palabras inglesas. Al terminar, revise su trabajo en la sección PALABRAS EN USO.

PALABRAS CLAVES

1. living room	7. front yard	13. dishes	19. rug
2. dining room	8. sofa	14. sink	20. bath tub
3. kitchen	9. arm chair	15. refrigerator	21. mirror
4. bathroom	10. table	16. bed	22. chest of drawers
5. bedroom	11. lamp	17. alarm clock	23. washing machine
6. back yard	12. stove	18. curtains	24. record player

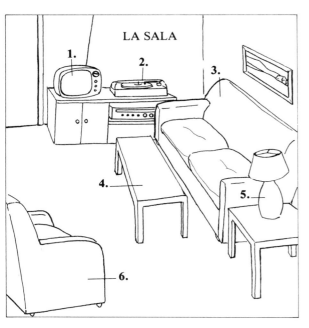

LA SALA

1. el televisor	3. el sofá	5. la lámpara
2. el tocadiscos	4. la mesa	6. el sillón, la butaca

EL COMEDOR

1. la araña de luces	5. la mesa	9. el cuchillo
2. el chinero	6. el plato	10. la cuchara
3. el jarro, la jarra	7. el candelero	11. el mantel
4. la taza	8. el tenedor	12. la silla

LA COCINA

1. el refrigerador, la nevera	6. la cacerola, la cazuela
2. el reloj	7. el horno
3. el teléfono	8. el paño para secar
4. la estufa	platos
5. el fregadero	9. la cafetera

EL LAVADERO

1. el tendedero, la cuerda	4. la secadora
2. el ganchito o el pinche	5. el cesto para ropa
para tender ropa	6. la tabla de planchar
3. la lavadora	7. la plancha

EL CUARTO DE DORMIR

1.
2.
3.
4.
5.
6.
7.
8.

EL CUARTO DE BAÑO

1.
2.
3.
4.
5.
6.
7.
8.
9.
10.
11.
12.

1. la cortina
2. la ventana
3. el estante
4. la cómoda,
   el buró

5. la almohada
6. el reloj despertador
7. la cama
8. la alfombra pequeña,
   el tapete

1. la ducha
2. el espejo
3. la toalla
4. el vaso
5. el cepillo de dientes
6. el jabón

7. la pasta dentífrica
8. el papel higiénico
9. el retrete, el excusado
10. la llave, la espita el grifo
11. el canasto, el cesto
12. la bañera, la tina

Actividad 1

1. Describa el cuarto en que duerme usted.
2. Describa la cocina en su casa o apartamento.
3. Describa la sala en su casa o apartamento.

Actividad 2

Explique en qué se parecen:

1. una sala y un comedor.
2. un radio y un tocadiscos.
3. una lavadora y una secadora.
4. un reloj despertador y un reloj de pulsera.
5. una cama y un sofá.

Actividad 3

1. Haga una lista de las cinco cosas más necesarias en una casa.
2. Haga una lista de cinco cosas que usted compraría para su casa si tuviera mucho dinero.
3. Haga una lista de cosas que se encuentran en su casa que usted no sabe decir en español.

ESTRUCTURA

I. *LOS PRONOMBRES*

A. DEFINICIÓN 1:

Un pronombre toma el lugar de un nombre.

Ejemplos:	*Nombres*	*Pronombres*
	Juan habla inglés.	*El* habla inglés.
	Juan y Pedro hablan inglés.	*Ellos* hablan inglés.

B. DEFINICIÓN 2:

Los pronombres sujeto son los que se pueden usar como sujetos en una oración, es decir:

yo   nosotros
tú
usted   ustedes
él   ellos
ella   ellas

Actividad 1

Escriba las siguientes oraciones y cambie los nombres subrayados por pronombres sujeto.

Ejemplo: *Margarita* es artista. *Ella* es artista.

1. *Juan y Enrique* juegan fútbol muy bien.
2. *Irene* piensa salir al cine con Ricardo.
3. *Tú y Roberto* son mayores que Jorge.
4. *Magdalena y yo* somos primas hermanas.
5. *Jaime* se quebró una pierna.

II. *LOS VERBOS Y LAS FORMAS DE LOS VERBOS*

A. REGLA 1:

Los verbos tienen diferentes formas según el pronombre o el nombre que los acompañe.

Ejemplos: *Concuerdan los pronombres*   *No concuerdan los pronombres*
            y los verbos.   *y los verbos.* (No se dice.)

                       Yo *hablo* muy bien.   Yo *hablamos* mucho inglés.
                       Tú *abres* la puerta.   Tú *abren* la puerta.
                       El *corre* muy fuerte.   El *corro* muy fuerte.

B. REGLA 2:

Los verbos siempre concuerdan con el pronombre sujeto que los acompaña.

No se dice: yo trabajar, tú trabajamos

Actividades

Actividad 1

Indique en cuáles oraciones están de acuerdo los pronombres (o nombres) y los verbos.

1. Los muchachos cantan en el coro.
2. La tía de Jorge necesitan trabajo.
3. Usted son mi amigo.
4. Ellos escribimos unas cartas ayer.
5. Elena comer muchos frijoles.
6. La fiesta seremos en la casa de Lucía.
7. Roberto estudia todos los días.
8. Martín y Elena son hermanos de Ricardo.
9. Yo no buscamos novio.
10. Nosotros escribir bien a máquina.

Actividad 2

Escriba las oraciones de la Actividad 1 haciendo los cambios necesarios para que estén de acuerdo los verbos y los nombres o pronombres.

LECTURA

Algunas palabras en inglés sobre el proceso de la lectura.

Up to this point, you have been reading entire selections and concentrating on getting meaning from the main ideas the author has tried to bring across. Much of the reading you will do throughout your life will be like this.

There are times, however, when you won't want to read an entire selection but may simply want to look it over. You might want to know how long a selection is, how difficult it seems, and what it says. At other times you may be looking for a specific piece of information and not really care about other details in the selection.

It is obvious that when you read for meaning, and when you read to look things over, you are doing very different things. Each type of activity involves different skills. In this chapter you will be concentrating on looking things over quickly. The skills involved here are *skimming* and *scanning*.

Skimming (*repaso rápido*) involves looking over an entire selection noticing structure, subdivisions, main divisions, main headings, and getting a feel for what the selection is about *without* reading for detail.

Scanning (*búsqueda rápida*) involves rapidly going through written material to find a specific piece of information. For example, people generally scan telephone books to find a certain name and scan dictionaries to find specific words.

The exercises in this chapter are designed to give you practice in both skills.

REPASO RÁPIDO

Actividad 1

Repaso rápido de un libro.

Instrucciones: (Read completely before beginning)
1. Abra este libro a la primera página. Note el título y los nombres de autores.
2. Pase a las siguientes cinco páginas.
3. Examine la tabla de materias.
4. Note la división de capítulos.
5. Examine rápidamente el contenido de los dos últimos capítulos.
6. Conteste las preguntas que siguen.

Preguntas:
1. ¿Cómo se llama este libro de texto?
2. ¿Cuántos autores tiene?
3. ¿Hay tabla de materias?
4. ¿Cuántos capítulos tiene este libro?
5. Recuerde uno de los temas que se ha tratado en el capítulo número 17.

Actividad 2

Repaso rápido de un artículo

It is often advantageous to skim in order to preview a chapter or an article. Without reading for detail, you can look at the title, at the headings, at pictures, and at the first and last paragraphs. This preview will help to give you a *feel* for the total structure of the piece.

Instrucciones: (Read completely before beginning.)
1. Estudie el título de la selección que sigue.
2. Examine las divisiones con sus subtítulos.
3. Revise el primer párrafo y el último párrafo rápidamente.

HABANA, LA. Capital y centro comercial de la república de Cuba, es la mayor ciudad de las Antillas, y uno de los principales puertos de la América Latina.

Es la sede del gobierno nacional, del congreso y del poder judicial de la república.

Descripción

La c. ocupa el lado O. del puerto. Al E. se halla el Castillo del Morro y las fortificaciones de La Cabaña, que en el pasado fueron poderosas fortalezas. La entrada de la bahía es angosta, pero luego se ensancha ofreciendo valioso espacio para los barcos y los muelles. Más de las tres cuartas partes de las importaciones y una gran cantidad de las exportaciones del país se hacen por este puerto. Barcos de todas las partes del globo anclan en la Habana.

La metrópoli es, además, un importante centro de aviación internacional y terminal de las líneas aéreas entre los E.U.A., el Caribe y la América Central.

La vista de la entrada de la ciudad, desde la bahía, es sumamente bella. Los barrios comerciales, las avenidas que circundan el puerto y el frente del mar constituyen el encanto de los turistas. Hacia el O. comienza la Avenida del Golfo, que termina en el monumento del Maine (v. Cuba) y enlaza a la ciudad con el antiguo barrio residencial del Vedado.

En la parte antigua de la ciudad hay grandes edificios modernos, como el Palacio Presidencial y el Capitolio. Entre las reliquias coloniales se cuenta el Palacio Municipal, antigua residencia de los gobernadores españoles, que está situado en la Plaza de Armas. Esta plaza era el centro de la ciudad antigua, y ha sido restaurada en su propio estilo. Junto a la misma se encuentra el Castillo de la Fuerza, construido en 1583. Muy cerca de la Plaza de Armas está situada la catedral. Esta fue construida entre los años de 1656 y 1724, y en ella estuvieron enterrados hasta 1898 los que se cree que son los restos de Cristóbal Colón, fecha en que fueron trasladados a España. El Palacio del Tribunal Supremo, en la propia Plaza de Armas, es un bello ejemplar de la arquitectura barroca del siglo XVIII. Muchas de las oficinas públicas están instaladas en antiguas iglesias o conventos. La administración de correos ocupa la iglesia de San Francisco, que data de 1575, y el ministerio de obras públicas, el convento de Santa Clara, edificado en 1644. En el patio central de dicho convento se conservan las primitivas casa y calles, tal como existían en el siglo XVII.

La Habana ha sido famosa desde la época colonial por sus paseos y parques. Al fondo de la bahía comienza la Avenida de Paula, que se convierte en la Avenida del Puerto y, más tarde, enlaza con la Avenida de las Misiones, que llega al Palacio Presidencial. Bordeando el mar sigue la Avenida del Golfo, unida en su comienzo con el Paseo de Martí. Este paseo, que fue un centro residencial, está hoy bordeado por tiendas, hoteles y centros de recreo. Al otro extremo del Paseo de Martí está el Parque Central, rodeado de grandes edificios, como el Teatro Nacional y el Centro Asturiano. Más al S. se halla la Plaza de la Fraternidad frente al Capitolio Nacional, de líneas majestuosas.

Desde la Plaza de la Fraternidad, la Avenida de Simón Bolívar llega hasta el Paseo de Carlos III, frente al Jardín Botánico, y termina en el Castillo del Príncipe. El Jardín Botánico ocupa el lugar de las antiguas residencias de verano de los gobernadores españoles, y en parte de la Universidad de la Habana. Siguiendo al O., la Avenida del Golfo conduce al barrio del Vedado, importante centro residencial desde hace medio siglo, que va trasformándose en urbe comercial. El Río Almendares separa al municipio de la Habana del de Marianao, pero la c. ha continuado extendiéndose y ambos forman un solo centro de población. Al otro lado de dicho río están los nuevos barrios residenciales que forman casi otra ciudad. Al S. y al O., la c. ha crecido también en grado considerable. A principios del siglo, el Cerro fue barrio favorito de las personas acomodadas, y las alturas de la Víbora y Jésus del Monte se urbanizaron rápidamente. Estos barrios son hoy lugares de residencia de familias de modesta posición económica, y se van convirtiendo en zonas industriales.

Historia

La c. fue fundada por Diego Velázquez en 1515, junto a la desembocadura del Río Mayabeque, en la costa merid. de la isla. La humedad y el calor hicieron a sus pobladores trasladarse al N. y establecerse junto al Río Almendares. Dicho lugar tampoco resultó satisfactorio, y los vecinos se trasladaron nuevamente, en 1519, a las orillas del puerto, que es el sitio que ocupa hoy la ciudad. Los gobernadores españoles preferían el clima de la Habana al de Santiago de Cuba (la capital), y acostumbraban prolongar su residencia en la misma. Debido a esta circunstancia, por Real Cédula de 20 de diciembre de 1592, fue designada la c. de la Habana como cap. de la isla.

La pobl. creció por razones de defensa, debido a los ataques de corsarios y piratas. Se construyó el Castillo de la Fuerza, y más tarde las fortificaciones del Morro y la Cabaña. Luego se trajeron las aguas del Río Almendares, mediante la construcción de la Zanja Real. Entre los siglos XVII y XVIII se levantaron las murallas para proteger la población contra ataques del interior. En 1634 fue reconocida su importancia estratégica por el gobierno español otorgándole el título de "Llave del Nuevo Mundo". Este símbolo aparece aún en el escudo de armas del Municipio de la Habana, que consiste en dos castillos con una llave en el centro.

En 1762 los ingleses se apoderaron de la c. y la ocuparon por 11 meses. El comercio se desarrolló bajo la política del libre cambio, y los habaneros obtuvieron grandes ventajas económicas. La Habana fue devuelta a España en 1763 mediante el Tratado de París. Se hicieron obras de reconstrucción y defensa, y la c. comenzó a prosperar rápidamente.

En el primer tercio del siglo XIX la Habana tenía ya acueducto, calles empedradas y nuevas plazas. Las murallas resultaron un inconveniente porque una nueva población había surgido fuera de las mismas. Los habaneros se dividían en habitantes de intramuros y de extramuros; por lo general, los primeros eran de las clases acomodadas y, los segundos, pobres. Al cerrarse las puertas de las murallas durante la noche los dos vecindarios quedaban incomunicados. Por fin, en 1863, el gobierno dispuso la demolición de las murallas y las dos ciudades formaron una sola. En la misma época fueron apareciendo barrios suburbanos habitados por las clases ricas. En el Cerro se edificaron grandes residencias y quintas de recreo. La loma de Jésus del Monte se convirtió también en centro residencial. A principios del siglo actual el movimiento urbano se tornó hacia el O., y surgió el barrio del Vedado, a donde se trasladó el antiguo cementerio, que tomó el nombre de Colón. Cuando el urbanismo creciente llegó al Río Almendares no se detuvo: siguió su marcha hacia el O. Hoy el municipio de Marianao es, prácticamente, parte del distrito metropolitano de la Habana. En las riberas del Río Almendares está el Bosque de la Habana, con bellos paseos y arbolado.

La c. ha sido testigo de importantes hechos históricos. En 1537 fue saqueada y quemada por un corsario francés. En 1555 sufrió un nuevo saqueo y, en 1586, fue seriamente amenazada por Francisco Drake. En 1898 el acorazado norteamericano *Maine* fue hundido en la bahía, lo que originó la Guerra Hispano-Norteamericana. (V. Hispano-Norteamericana, Guerra.)

Población y Economía

A principios de siglo XIX, la población de la ciudad no llegaba a 100.000 h. El censo de 1899 arrojó la cifra de 235.981 h., lo cual indica su rápido crecimiento. En 1951, un censo aproximado señaló una pobl. de 800.000 h. En dicho censo no se incluyen los residentes de los suburbios, junto con los cuales la población asciende a más de un millón.

Durante la época colonial las condiciones sanitarias de la Habana eran muy deficientes. Gracias a los esfuerzos del médico norteam. Gualterio Reed y del cubano Carlos Finlay, se extirparon los mosquitos trasmisores de la fiebre amarilla. Con la independencia, la c. se trasformó en un gran centro urbano higiénico y próspero. Cuba fue uno de los primeros países de la América Latina en crear un departamento de sanidad con categoría de ministerio de gobierno (1909). Los barrios obreros en la parte antigua de la ciudad estaban todavía excesivamente poblados a mediados del siglo XX. Los gobiernos de la época realizaron esfuerzos tendentes a mejorar las condiciones de vida de tales barrios y, puesto que el antiguo acueducto español resultaba insuficiente, se procuró ampliar el abastecimiento de agua potable de la ciudad.

La Habana es el centro industrial y distribuidor más importante del país. En sus alrededores se concentran numerosas fábricas para la elaboración de alimentos; astilleros dedicados principalmente a construir pesqueros, y plantas que fabrican vehículos; la industria textil y del calzado ha sido modernizada. Otras actividades están relacionadas con la generación de electricidad; la producción de fertilizantes y la industria editorial; la elaboración del tradicional ron; la metalurgia; las refinerías de petróleo; los productos químicos y farmacéuticos; plásticos y papel. La calidad de los cigarros y cigarrillos ha dado justa fama mundial a la capital cubana. La industria pesquera, que se desarrolló notablemente a raíz de la revolución, ocupa una posición muy destacada.

La mayoría de las importaciones y parte de las exportaciones de Cuba utilizan el puerto de la Habana; su volumen ha crecido tanto, que las instalaciones portuarias resultan insuficientes y se proyecta ampliarlas.

Es también el centro ferroviario y carretero de la nación. El aeropuerto internacional

José Martí enlaza a la ciudad con todo el mundo. Además, la Habana es el núcleo cultural de la república. La universidad, con unos 34.000 estudiantes, es una de las mayores de América Latina. Posee alrededor de 16 bibliotecas, entre las que destaca la Biblioteca Nacional, creada en 1901, y goza de reputación internacional por sus actividades artísticas, literarias y científicas.

El clima es cálido y húmedo entre los meses de abril a octubre, y templado y fresco desde noviembre a marzo. Las lluvias son abundantes durante el verano, y contribuyen a refrescar la atmósfera. Las brisas del interior hacen las noches agradables, aun en los meses de verano. Durante el invierno, aunque no muy frecuentemente, soplan vientos fríos del norte.

El área metropolitana de la Habana tiene 1.755.360 h. (1970).

Preguntas: Escriba los números de *1* a *5* en una hoja de papel. Escoja la mejor respuesta a las preguntas que siguen y escriba la letra que le corresponde en su papel.

1. El título de esta selección es:
   a. una ciudad del Caribe.
   b. México.
   c. Canadá.
   d. una ciudad antigua.

2. Una de las subdivisiones es:
   a. el comunismo en Cuba.
   b. los cubanos en los Estados Unidos.
   c. Historia.
   d. El Caribe.

3. Otra división es:
   a. Descripción.
   b. Revolución.
   c. Derrota.
   d. Paz.

4. La división última es:
   a. Producción.
   b. Gobierno.
   c. Periodismo.
   d. Población y Economía.

5. Después de la revisión rápida se sabe que el artículo tratará:
   a. de Cuba en general.
   b. del turismo.
   c. de la descripción de una ciudad cubana.
   d. de la historia de Cuba.

Actividad 3

Una ojeada rápida del contenido de una pieza corta.

Often you will find it useful to look a passage or selection over to get some idea about its content. If you are dealing with a short selection, you should train yourself to skim a selection in a matter of seconds.

Instrucciones: (Read completely before beginning)
1. Lea el título de la selección.
2. Lea la primera oración.
3. Pase la vista rápidamente por el resto de la selección—sin parar ni volver atrás.
4. Si es necesario, repita el tercer paso.
5. Lea la última oración.

CIRCO. || **I. Circus.** || **F. Cirque.** || "¡Ya viene el circo!", es una buena noticia para niños y niñas en todas partes. Puede ser una pequeña compañía de acróbatas, o "el más grande circo del mundo"; el tamaño no importa, porque, seguramente, siempre habrá diversión.

La palabra circo se parece mucho a círculo, y con razón, porque en cada circo siempre hay uno o más círculos, llamados también pistas, donde se presentan los diversos números de espectáculo, para diversión de los niños y niñas asistentes.

El primer circo del cual se tiene noticia estuvo en la antigua Roma. En el famoso circo romano, lo principal eran las carreras de carros. Pero también se realizaban exhibiciones de acróbatas, juegos y luchas.

Después de la caída del imperio romano, no hubo circo durante varios siglos. No fue sino hasta hace unos 200 años, cuando comenzaron a formarse en Europa, principalmente en Inglaterra y en Francia, pequeños grupos que iban de una población a otra. Eran casi todos acróbatas y malabaristas, y ofrecían su espectáculo en los parques públicos de los pueblos.

Después fueron creciendo los grupos sueltos hasta formar compañías organizadas, con directores y administradores, y aun verdaderas empresas como si fuera una industria. Se conserva la costumbre de llevar el circo de ciudad en ciudad, y casi siempre las funciones se presentan dentro de grandes tiendas de lona.

Actualmente, en un circo hay acróbatas, trapecistas, alambristas y animales amaestrados, y además podemos presenciar arriesgados ejercicios, a una considerable altura sobre el suelo, tales como el de caminar sobre una cuerda a pie o en bicicleta. Generalmente, por fuera de la tienda de lona, están las jaulas con animales salvajes, que representan por sí mismos un espectáculo y, además, todos los circos tienen como atracción especial la actuación de los payasos. Un circo no estaría completo sin payasos.

Antiguamente, se efectuaba un desfile para inaugurar las funciones del circo, con elefantes, jaulas con leones, tigres, panteras, además de una banda de música y jinetes, que recorrían las calles principales de la ciudad. Actualmente, este desfile estorbaría el tránsito, además de resultar muy costoso.

En un circo se requiere el trabajo de muchas personas, tanto de las que toman parte activa en la representación, como de las que están detrás del escenario montando y desmontando los distintos números. Levantar una gran tienda y colocar los asientos para el público es un trabajo muy pesado y se necesita mucha gente para hacerlo. El manejo y dirección de un circo requiere una gran cantidad y movimiento de dinero. Todo el personal debe ser alojado y alimentado tanto durante las etapas de trabajo como de descanso, lo mismo que los animales.

Para cada temporada se necesita nuevo vestuario y diferentes números que deben ser ensayados para ser puestos en escena, ya que los propietarios del circo están siempre interesados en agradar al público que acude a verlo en cada temporada.

El primer circo de América inauguró sus representaciones en la época de George Washington, quien fue a verlo una vez. (Vease: BANDAS; FERIAS.)

Preguntas: Escriba los números de *1* a *6* en una hoja de papel. Escriba CIERTO o FALSO para cada una de las siguientes oraciones.

1. El título de esta selección es "El circo en los Estados Unidos."
2. El artículo dice que no hay niño a quien no le guste el circo.
3. La palabra *circo* se parece mucho a la palabra *círculo*.
4. El primer circo se presentó en Francia.
5. El *Coliseo* se usaba para presentaciones de circo.
6. El primer circo en América se presentó en la época de Washington.

LA BÚSQUEDA RÁPIDA

Se usa la búsqueda rápida para buscar información específica.

Actividad 1

En el índice que sigue, encuentre los siguientes datos:

1. las páginas en las cuales se habla de aceite.
2. los temas que se incluyen bajo la categoría aeropuertos.

Aceite Comestible
Algodón 1–57; Maíz 10–928; Olivo
12–1103
Acero—véase Hierro y Acero 8–728
Acidos y Bases 1–7
Experimentos 7–592; Hidrógeno 8–726;
Jabón 9–827; Química 13–1244;
Vidrio 16–1472
Aconcagua 1–7
Andes 1–74; Argentina, República
2–109; Exploradores 7–592; Montañas
11–1022; Volcanes 16–1486

Acorazados
Buques 3–253; Marina 10–953
Acordeón 1–8
Acrópolis 8–687
Acuario 1–8
Acueducto 1–9
Romano, Imperio 14–1289
Acheson, Edward G. 4–311
Acumulador 6–511
Adams, John 4–320; 16–1493
Adán 1–10

Actividad 2

En la Tabla encuentre:

1. el nombre de un volcán casi sumergido.
2. el nombre del volcán mexicano más alto.
3. el nombre de un volcán hawaiano.

Cueva de lava

VOLCÁN	DÓNDE SE ENCUENTRA	ALTURA EN METROS
Aconcagua	Argentina	7,050
Adams	Washington	3,780
Baker	Washington	3,280
Bogoslof	Islas Aleutianas	casi sumergido
Cotopaxi	Ecuador	3,650
Erebus	Antártica	4,030
Etna	Sicilia	3,270
Fujiyama	Japón	3,780
Hood	Oregón	3,430
Iztaccíhuatl	México	5,300
Katmai	Alaska	2,140
Kenya	África Oriental	5,200
Kilimanjaro	África Oriental	5,970
Lassen	California	3,190
Mauna Loa	Hawai	4,170
Misti	Perú	5,850
Orizaba	México	5,700
Papandyan	Java	2,660
Paricutín	México	1,373
Pelée	Martinica	1,352
Popocatépetl	México	5,460
Rainier	Washington	4,400
San Francisco	Arizona	3,850
Shasta	California	4,320
Vesubio	Italia	1,190
Wrangell	Alaska	4,280

COMPOSICIÓN

Corrección de pruebas

Almost as important as writing is the ability to proofread what you have written. Everyone makes some mistakes in writing, but skilled writers can go back and pick out their own mistakes in order to correct them.

The exercises in this section are designed to help you develop that ability.

Actividad 1

En el siguiente pasaje encuentre errores de:

  a. género
  b. pluralización
  c. verbos que no están de acuerdo con el nombre o pronombre.

Escriba el pasaje corrigiendo los errores que encuentre.

Tengo un casa muy bonito. No es muy grande pero sí hay suficiente lugar para todo la familia. El cuarto más grande de toda la casa son la sala. En la sala hay dos sofá y un sillones grande. Mi papá siempre leen sentado en el sillón y por eso hay un lámpara muy grande. La casa no tiene comedor y todos como en la cocina. Allí hay unas mesa muy grande con muchos sillas. La casa tienen solamente una baño. Hay tres cuartos donde duermo mis papás, mis dos hermanos, y mi hermana Teresa y yo.

Actividad 2

En el siguiente pasaje encuentre errores de ortografía. Escriba el pasaje corrigiendo los errores.

Hay mucha jente en ese quarto. Un señor está tomando café en una tasa amariya y su ija está llorando porque le duele la cabesa. Otro señor dice que se pegó en una rodiya pero que le da vergüenza tirar el martillo. Su esposa quiere yelo en su coca cola y dice que no le gusta el arroz con pollo. El marrido de una muger gorda está enohado. Es una fiesta curiosa.

SEGUNDO REPASO: CAPÍTULOS VII–XII

Escriba los ejercicios que siguen en una hoja de papel.

Actividad 1

Copie las siguientes palabras dividiéndolas en sílabas. Marque la sílaba tónica. Decida si necesitan acento escrito.

1. abril	6. muchachito	11. noviembre
2. arbol	7. salimos	12. Maria
3. estrella	8. policia	13. raiz
4. conversacion	9. trabajabamos	14. Juanita
5. jovenes	10. viaje	15. todavia

Actividad 2

Escriba cinco preguntas usando las palabras que hacen preguntas y ponga los acentos necesarios.

Actividad 3

Para cada país escriba el nombre de la lengua oficial.

1. España	6. Polonia
2. Portugal	7. Grecia
3. Inglaterra	8. Rusia (URSS)
4. Italia	9. Alemania
5. Francia	10. Suecia

Actividad 4

Usando el mapa de Europa en la página 82, conteste las siguientes preguntas.

1. ¿Cuál país está más al norte?
   a. Noruega
   b. Inglaterra
   c. Bélgica

2. ¿Cuál país está más al sur?
   a. Hungría
   b. Italia
   c. Alemania

3. ¿Cuál país tiene frontera con España?
   a. Italia
   b. Turquía
   c. Francia

4. ¿Cuál país tiene frontera con Hungría?
   a. Grecia
   b. Austria
   c. Polonia

5. ¿Cuál país está más al este?
   a. Portugal
   b. Grecia
   c. Turquía

Actividad 5

Copie la forma correcta entre las siguientes palabras.

1.	gente	jente	hente
2.	ciero	quiero	quero
3.	clabo	klavo	clavo
4.	neive	neve	nieve
5.	guisar	gisar	güisar
6.	once	onse	onze
7.	guánte	guante	gúante
8.	asúcar	acúcar	azúcar
9.	encaje	encahe	encage
10.	todabía	toravía	todavía

Actividad 6

Copie este párrafo. Estudie las palabras de una sola sílaba. Decida si necesitan acento escrito.

El joven que me mandó ese regalo a mi no es mi novio. Es mi primo hermano favorito. Yo no se por que me lo mandó porque todavía no cumplo años. Quizás un día de estos le mandaré yo un regalo a el sin razón. Me parece buena idea.

Actividad 7

Escriba las reglas sobre el uso del acento escrito.

Actividad 8

Explique la diferencia entre:

1. una cocina y un comedor.
2. un sillón y un sofá.
3. una camisa y una blusa.
4. un par de medias y un par de calcetines.
5. un suéter y una chaqueta.

Actividad 9

Prepárese para escribir algunas de las palabras de las secciones CÓMO SE ESCRIBE cuando se las dicte su maestro.

Actividad 10

Escriba las palabras que siguen con el artículo definido que corresponda.

1. clase	6. baile	11. torre	16. lengua
2. programa	7. base	12. rubí	17. pie
3. día	8. flor	13. escuela	18. café
4. mano	9. bondad	14. tarde	19. muerte
5. traje	10. cama	15. idioma	20. sangre

Actividad 11

Conteste las siguientes preguntas.

1. ¿Cómo llega usted a la escuela?
2. ¿Cuáles son los medios de transporte más usados donde vive usted?
3. ¿Qué prefiere usted, la radio o la televisión?
4. Describa su programa favorito.

Actividad 12

Escriba una carta a un amigo que está enfermo y no puede asistir a la escuela. Dígale algo de lo que hacen Uds. en las clases y fuera de clase.

Actividad 13

Escoja y luego escriba los infinitivos que aparecen en la siguiente lista.

1. vendía	6. abriremos	11. oír
2. vivir	7. abrazar	12. trabajabas
3. jugamos	8. alzaron	13. oían
4. saliste	9. subir	14. ver
5. caminar	10. terminaste	15. estar

Actividad 14

Escoja y luego escriba la forma del verbo que se usa con el pronombre indicado.

1. Yo: salgo   salías   salió
2. Tú: trae   traías   traemos
3. Nosotros: compran   comprábamos   compró
4. El: vendían   vendió   vendo
5. Ellos: quiere   querían   quiso
6. Usted: comprendimos   comprende   comprenderé
7. Ustedes: eres   son   somos

Actividad 15

Divida una hoja de papel en tres columnas. Escriba la información que se pide aquí para cada verbo.

Ejemplos: *Forma*   *Infinitivo*   *Conjugación*
            borré   borrar   primera
            abrieron   abrir   tercera

1. conocen   6. insistimos   11. puedes
2. traje   7. juegan   12. dicen
3. tendré   8. daba   13. queremos
4. escribiste   9. íbamos   14. creyó
5. estudió   10. sé   15. pusiste

CAPÍTULO XIII

Al terminar este capítulo, usted podrá:

ORTOGRAFÍA
- escribir correctamente palabras frecuentes que tengan el sonido /s/
- escribir correctamente las 20 palabras de la sección CÓMO SE ESCRIBE

VOCABULARIO
- dar el equivalente en español de la lista de palabras incluidas en la sección EL MUNDO NATURAL

ESTRUCTURA
- explicar qué quiere decir "conjugar un verbo"
- conjugar verbos regulares de la primera conjugación en el presente, imperfecto, y pretérito
- explicar para qué se usan los tiempos presente, imperfecto y pretérito

LECTURA
- leer artículos de noticias en un periódico captando las ideas principales

COMPOSICIÓN
- escribir un artículo al estilo de periódico

ORTOGRAFÍA

I. *EL SONIDO /s/*

A. EL SONIDO /s/ SE ESCRIBE EN ESPAÑOL CON:

_s_	_s_illa, ca_s_a, má_s_
_z_	_z_apato, ca_z_ar, ve_z_
_c_ + _e, i_	_c_erveza, _c_inco

B. REGLAS PRÁCTICAS:

1. La letra _z_ generalmente no se usa en las combinaciones _ze_ y _zi_.
2. El uso de la letra _s_ es más frecuente que el de la letra _z_. En caso de duda debe usarse la _s_.
3. El uso de las letras que representan un solo sonido en español tiene que aprenderse de memoria.

Actividades
_____

Escriba los ejercicios que siguen en una hoja de papel.

Actividad 1

Escriba la siguiente lista de palabras completando correctamente la letra que representa el sonido /s/ en cada caso. Busque en un diccionario las palabras que no conozca.

Palabra inglesa	Traducción española	Palabra inglesa	Traducción española
1. oil	a __ eite	16. business	nego __ io
2. sugar	a __ úcar	17. rope	la __ o
3. sky	__ ielo	18. cup	ta __ a
4. fifty	__ incuenta	19. piece	peda __ o
5. waist	__ intura	20. feet	pie __
6. voice	vo __	21. candy	dul __ e
7. happy	feli __	22. recipe	re __ eta
8. kitchen	co __ ina	23. song	can __ ión
9. army	ejér __ ito	24. proud	orgullo __ o
10. nose	nari __	25. studious	estudio __ o
11. to force	for __ ar	26. Saturday	__ ábado
12. to cross	cru __ ar	27. situation	situa __ ión
13. on top of	en __ ima	28. price	pre __ io
14. dozen	do __ ena	29. near	__ erca
15. difficult	difí __ il	30. true	__ ierto

Actividad 2

_Encuentre diez palabras en el diccionario que comiencen con la letra _s._

Actividad 3

Escriba cinco palabras para cada una de las siguientes combinaciones de sonidos.

1. / su /   2. / se /   3. / si /   4. / so /   5. / sa /

Lista #13

Palabras que deben saberse

1.	raza	11.	septiembre
2.	zona	12.	octubre
3.	enero	13.	noviembre
4.	febrero	14.	diciembre
5.	marzo	15.	recoger
6.	abril	16.	dibujar
7.	mayo	17.	termina
8.	junio	18.	llegábamos
9.	julio	19.	caían
10.	agosto	20.	traían

Actividad 1

Copie las palabras que aparecen en la lista #13.

Actividad 2

1. Lea en voz alta las palabras que tengan el sonido /s/.
2. Lea en voz alta las palabras que tengan el sonido /h/.
3. Lea en voz alta los nombres de los meses del año que tengan diptongo.
4. Lea en voz alta las palabras que tengan acento e identifique el tipo de acento usado en cada caso.
5. Lea en voz alta las palabras que tengan el sonido /k/.
6. Lea en voz alta las palabras en que el sonido /s/ se escriba con la letra c.

Actividad 3

Escriba las siguientes fechas según el modelo:

Inglés: June 25, 1982 →Español: 25 de junio de 1982

1. November 6, 1985
2. August 24, 1869
3. April 17, 2021
4. October 11, 1640
5. May 5, 1960

Actividad 4

1. Escriba una oración original con cada una de las siguientes palabras:
   dibujar   zona   raza   recoger   termina
2. Indique cuáles son los meses del año que tienen treinta días.

Actividad 5

Escriba el siguiente pasaje corrigiendo los errores.

En Julio vamos a ir a recojer a mi hermana. En ese mes ella terrmina sus estudios. Luego piensa irse a estudiar en Nueva York donde hay buenas esquelas de divuho. El año escolar empiesa en octobre. Para entonces, mi hermana habrá descansado todo el mes de Agosto y de Septiembre.

VOCABULARIO

I. *EL MUNDO NATURAL*

En su cuaderno de vocabulario, escriba el equivalente en español de cada una de las siguientes palabras inglesas. Al terminar, revise su trabajo en la sección PALABRAS EN USO.

PALABRAS CLAVES

1. weather	13. summer
2. storm	14. fall
3. rain	15. desert
4. lightning	16. forest
5. hurricane	17. dry, arid
6. snow	18. humid
7. earthquake	19. ocean
8. tornado	20. mountain range
9. wind	21. plains
10. seasons	22. river
11. winter	23. flood
12. spring	24. blizzard

II. *PALABRAS EN USO*

Durante las cuatro estaciones del año el tiempo cambia muchísimo. Los que viven en un lugar seco (árido), como el desierto, no tienen el mismo tiempo que tienen en un lugar húmedo.

El verano es la estación de los huracanes. Estas tormentas (tempestades) traen mucho viento, lluvia, relámpagos (rayos) y, a veces, inundaciones. El huracán ocurre principalmente cerca del océano.

En los llanos hay fuertes tormentas también. Se llaman tornados y derrumban muchos árboles y casas.

En el otoño los bosques están muy bonitos porque los árboles cambian de color.

En el invierno cae mucha nieve en las cordilleras (sierras) altas. A veces hay tempestades de nieve que traen tres o cuatro pies de nieve y mucho viento.

En la primavera la nieve se derrite y muchos ríos se llenan. En algunos lugares llanos toda esta agua resulta en inundaciones.

En el oeste de los Estados Unidos hay terremotos (temblores) todos los años. La tierra y también los edificios se estremecen.

Actividad 1

Explique la diferencia entre:

1. un huracán y un tornado
2. la nieve y la lluvia
3. el invierno y el verano
4. el desierto y el bosque
5. una cordillera y un llano

Actividad 2

Conteste las siguientes preguntas:

1. ¿Cómo es el invierno donde vive usted?
2. ¿En qué estación del año hay más viento?
3. ¿Cuál es su estación favorita? ¿Por qué?

Actividad 3

Escriba un párrafo que describa el tiempo donde vive usted.

ESTRUCTURA

I. *CÓMO SE CONJUGA UN VERBO*

A. DEFINICIÓN

Conjugar es dar una lista de formas verbales según la persona y el tiempo.

B. PRÁCTICA

La lista de formas conjugadas corresponde a las personas expresadas por los pronombres sujeto:

yo _____   nosotros _____
tú _____
usted)
él   }_____   ustedes)
ella)   ellos   }_____
                                         ellas   )

Ejemplos: *Conjugación*   *Verbo:* hablar   *Tiempo:* presente

yo   hablo   nosotros   hablamos
tú   hablas

usted)   ustedes)
él   } habla   ellos   } hablan
ella)   ellas   )

II. *LOS VERBOS REGULARES DE LA PRIMERA CONJUGACIÓN (VERBOS DE -ar) Y LOS TIEMPOS PRESENTE, IMPERFECTO, Y PRETÉRITO*

A. Los verbos españoles se dividen en verbos regulares y verbos irregulares.

B. Todos los verbos regulares que tienen un infinitivo que termina en *-ar* se conjugan en los tiempos PRESENTE, IMPERFECTO, y PRETÉRITO de acuerdo con los siguientes modelos:

Modelo: Verbo de -ar conjugado

Verbo: <u>hablar</u>   Raíz: <u>habl</u>

	PRESENTE		IMPERFECTO		PRETÉRITO	
	Raíz	Terminación	Raíz	Terminación	Raíz	Terminación
yo	habl	o	habl	aba	habl	é
tú	habl	as	habl	abas	habl	aste
usted él ella	habl	a	habl	aba	habl	ó
nosotros	habl	amos	habl	ábamos	habl	amos
ustedes ellos ellas	habl	an	habl	aban	habl	aron

C. Los verbos que tienen un infinitivo que termina en *-ar* y que *no* se conjugan de acuerdo con los modelos anteriores, son IRREGULARES. Los verbos irregulares se estudiarán en el capítulo XVII.

Actividades

Actividad 1

La raíz de los verbos de <u>-ar</u> *se forma quitando la terminación* <u>-ar</u>. *De acuerdo con esta regla y el modelo del verbo* <u>hablar</u>, *escriba la raíz de los siguientes verbos:* <u>trabajar</u>, <u>caminar</u>, <u>dejar</u>, <u>cantar</u>, <u>llorar</u>.

Actividad 2

De acuerdo con el modelo del verbo <u>hablar</u>, *conjugue los verbos* <u>trabajar</u> *y* <u>caminar</u> *en el tiempo presente.*

Actividad 3

De acuerdo con el modelo del verbo <u>hablar</u>, *conjugue los verbos* <u>trabajar</u> *y* <u>caminar</u> *en el tiempo imperfecto.*

Actividad 4

De acuerdo con el modelo del verbo <u>hablar</u>, *conjugue los verbos* <u>trabajar</u> *y* <u>caminar</u> *en el tiempo pretérito.*

III. *EL USO DE LOS TIEMPOS*

A. REGLA:

Se escoge el tiempo de acuerdo con el momento en que pasa la acción.

Ejemplos: 1. Presente: Yo <u>hablo</u> todo el tiempo.
2. Imperfecto: Cuando era niño, yo <u>hablaba</u> mucho.
3. Pretérito: Ayer yo <u>hablé</u> con mi tía.

B. RESUMEN: EL USO DE LOS TRES TIEMPOS.

Tiempo	*Se usa para*:	*Ejemplo*:
Presente:	a. hablar del presente	Yo *estudio* los tiempos verbales.
	b. hablar de lo que siempre pasa	Siempre *trabajo* mucho.
Imperfecto:	a. hablar de lo que pasaba antes, en el pasado	Antes *trabajaba* mucho.
	b. hablar de lo que se repetía en el pasado	*Cantaba* todos los días hasta las once.
Pretérito:	a. hablar de lo que pasó y terminó	Ayer *trabajé* mucho. Le *canté* una canción el día de la fiesta.

Actividad 5

Escriba las siguientes oraciones y complete los espacios en blanco cambiando el infinitivo a una forma conjugada. Diga cuál tiempo escogió.

Ejemplo: Vamos a invitar a Pedro al baile porque él _____ muy bien.
                                                              bailar

Respuesta: <u>baila</u> **Tiempo:** <u>presente</u>

1. De chico a mí me _____ nadar en el mar.
                          gustar
2. Anoche _____ a esa muchacha.
               besar
3. La maestra se ponía furiosa porque los estudiantes siempre _____ sus libros en sus
                                                                  dejar

automóviles.

4. El año pasado, Juan_____a esa muchacha al cine.
   invitar
5. Nuestro equipo de basquetbol_____el juego de anoche.
   ganar
6. Cuando estaba en California_____a mi hermanito a la playa.
   llevar
7. María no_____porque no quiere que le dé cancer.
   fumar
8. Anoche unos delincuentes_____a un pobre viejito.
   robar
9. Todos los domingos_____mi auto para que esté limpio el resto de la semana.
   lavar
10. Cuando se cayó Paquito, su mamá_____.
    gritar

Actividad 6

1. Use los verbos robar, matar, y llorar en tres oraciones del tiempo presente.
2. Use los verbos llevar, visitar, y llegar en tres oraciones del tiempo imperfecto.
3. Use los verbos lavar, invitar, y dejar en tres oraciones del tiempo pretérito.

LECTURA

CÓMO SE LEE UN PERIÓDICO

Algunas palabras en inglés sobre el proceso de la lectura.

The way we read changes according to the type of material we read. As you saw in the previous chapter, there are times when you simply want to skim or scan material and other times when you need to read for detail and precise meaning. In this chapter you will work on reading a type of material which figures heavily in your everyday life. No matter who you are or what you do, it is likely that at some point in your life you will read a newspaper. In fact, it is quite probable that this is the only kind of reading you will do on an *everyday* basis.

Reading a newspaper in Spanish is very much like reading a newspaper in English. Essentially you read rapidly, you scan headings, and ordinarily you have little time to look up words. What you must do is *assign* meanings to words you don't know within their context. What you want is the overall meaning of an article, a sense of what happened, where, who was involved, and why it was important.

In reading a paper one concentrates on these aspects simply because newspaper articles are written in narrow columns. Rapid reading is made easier because in many cases each paragraph is made up of a single sentence.

In the exercises in this chapter, you will be asked to make a summary of the facts of the articles: what, when, where, who, why. You should read as rapidly as possible. Do not be concerned about words you do not know. Go on reading and attempt to determine how much you *can* understand about the overall facts.

Actividades

Lea los siguientes artículos de noticias y haga un resumen breve de los hechos principales: qué, cuándo, dónde, quién y por qué.

ARTÍCULO 1

Holanda Tiene ya 14,090,500 Habitantes

LA HAYA, Febrero 20 (AP).- La población de Holanda—uno de los países más densamente poblados del mundo—aumentó en 105,000 personas el año pasado, alcanzando el nivel de 14,090,500 el primero de enero de 1980, según informó la oficina central de estadísticas.

En el aumento habido figuran 44,800 inmigrantes.

Actividad 1

Escriba un resumen del artículo #1.

ARTÍCULO 2

Honran en Yale al Compositor Villa-Lobos

NEW HAVEN, Connecticut, EUA, Feb 17 (AP).- El desaparecido compositor brasileño Heitor Villa-Lobos fue honrado por su contribución a la música del siglo 20 durante un concierto en la Universidad de Yale.

El presidente de la institución, A. Bartlett Giamatti, ofreció anoche a la viuda del artista, Arminda Villa-Lobos, un tributo a la influencia y popularidad del "nuevo lenguaje musical" de Villa-Lobos.

El músico brasileño (1887–1959) es considerado por muchos el más grande compositor latinoamericano de este siglo. Sus obras fueron unas de las primeras en incluir melodías brasileñas folklóricas y populares, así como ritmos e instrumentos musicales del acervo brasileño.

Carleton Sprague Smith, musicólogo, y amigo personal de Villa-Lobos, le dijo una vez que para escribir buena música brasileña uno debe conocer el folklore de este país, pero también "uno debe conocer el pasado, en realidad, uno debe conocer muy bien a Bach".

Entre los 250 invitados al recital figuraban el embajador brasileño Antonio Francisco Azeredo da Silveira y el consejero cultural brasileño, Luis Felipe Seixas Correa.

El homenaje tuvo por objeto estrechar los lazos entre brasileños y
norteamericanos.

Actividad 2

Escriba un resumen del artículo #2.

ARTÍCULO 3

Prueba la URSS Otro Cohete Estratégico Submarino

WASHINGTON, Febrero 16 (AP).- La Unión Soviética ha lanzado en prueba
un nuevo cohete estratégico submarino que transmite información clave en código,
lo cual evita que Estados Unidos controle su funcionamiento, informaron hoy funcionarios del gobierno.

El tratado de limitación de armas estratégicas Salt II prohibe la codificación de
la telemetría de prueba de cohetes o el ocultamiento "deliberado" por otros
medios de información vital en cuanto al desarrollo de cohetes.

Aunque el tratado se encuentra aún en el senado norteamericano, funcionarios
de gobierno dijeron que Estados Unidos ha puesto en claro ante la Unión
Soviética que espera que obedezca la parte referente a no ocultar datos mientras el
tratado está pendiente de ratificación.

La prueba, que ha sido mantenida en secreto durante varias semanas, podría
reabrir la discusión en torno a si el Salt II es un tratado cuyo cumplimiento puede
ser verificado a satisfacción y si los soviéticos intentarán eludir sus disposiciones.

Los opositores al tratado lo han atacado sobre todo por el problema de la
verificación.

Actividad 3

Escriba un resumen del artículo #3.

ARTÍCULO 4

Elegante Boda Religiosa de María Luisa Díaz y Jaime Arturo Muñoz

María Luisa Díaz y Jaime Arturo Muñoz, se juraron amor eterno e intercambiaron anillos, durante la ceremonia de su boda, que tuvo lugar el domingo
anterior en la iglesia del Sagrado Corazón de Jesús a las 8:00 de la noche, en
donde el sacerdote oficiante les impartió la bendición nupcial, que los unió para
toda la vida.

Los novios son hijos de José Díaz Loera, Carmen L. de Díaz, Nicolás Muñoz B.
y Herminia S. de Muñoz, quienes firmaron las participaciones que hicieron llegar
con anticipación a sus allegados, que se congregaron en el lugar para hacer votos
por la felicidad de la pareja.

Formaron su corte nupcial sus padrinos, José A. Reyes y María del Socorro M. de Reyes, Antonio Martínez D. y María del Carmen Díaz L. y Raúl Flores y Carolina López.

Posteriormente se ofreció una recepción en conocido salón a donde acudieron gran número de invitados quienes brindaron en repetidas ocasiones por la dicha futura de los novios.

Los recién casados, partieron rumbo al interior de la República en donde disfrutan de su luna de miel visitando varios estados del sur, para después fijar su residencia en esta frontera.

Actividad 4

Escriba un resumen del artículo #4.

ARTÍCULO 5

Torneo de Box Guantes de Oro

El martes próximo se cerrarán las inscripciones de los boxeadores que deseen participar en el XLVII Campeonato de los Guantes de Oro.

Este evento, organizado por el Comité Municipal de Box de Aficionados que preside el doctor Jesús Castillo Acuña, deberá empezar a efectuarse a partir del día 22 de febrero, viernes de esta semana que estamos empezando, allá en la cueva de entrenamientos del Gimnasio Municipal.

Como quedó asentado en la convocatoria respectiva, participarán chamacos de las categorías desde Mosca Ligero, hasta de 48 kilogramos; Mosca, hasta de 51 kilogramos; Gallo, hasta de 54 kilogramos de peso; Pluma, hasta de 57 kilogramos; Ligero, hasta de 60.500 kilogramos; Welter, hasta de 67 kilogramos; Medio, hasta de 75 kilos y la de peso completo, de 81 kilos en adelante.

Habrá dos clasificaciones: Novatos y Experimentados y ya se han recibido bastantes inscripciones de peleadores, todos los cuales deberán pertenecer a la FMBA, no menores de 17 años ni mayores de 30 y todos ser de nacionalidad mexicana.

Los días señalados para las funciones, son viernes y martes de cada semana, durante todo el tiempo que se haga necesario, y de acuerdo con el número de participantes inscritos.

Actividad 5

Escriba un resumen del artículo #5.

COMPOSICIÓN

Actividad 1

Escriba un artículo al estilo de periódico sobre uno de los siguientes temas:

1. Una reunión en su escuela
2. Un baile reciente
3. Un accidente que usted vio
4. El premio que ganó un estudiante

Revise su artículo. ¿Ha indicado los hechos más importantes (cuándo, dónde, cómo, por qué, etc.)?

Actividad 2

Escriba un anuncio que pudiera aparecer en el periódico de su escuela acerca de uno de los siguientes eventos:

1. Un baile por el día de San Valentín
2. Una reunión del club de ciencias
3. Una comedia presentada por la clase de drama

Indique cuándo tendrá lugar, dónde y cuánto costará (si hay entrada).

CAPÍTULO XIV

Al terminar este capítulo, usted podrá:

ORTOGRAFÍA
- oír la diferencia entre los sonidos /r/ y /rr/
- explicar con qué letras se escriben los sonidos /r/ y /rr/
- oír la diferencia entre el sonido de *r* y de *d* en posición intervocálica
- escribir correctamente las 20 palabras de la sección CÓMO SE ESCRIBE

ESTRUCTURA
- conjugar verbos regulares de la segunda conjugación en el presente, imperfecto, y pretérito

VOCABULARIO
- dar el equivalente en español de la lista de palabras incluidas en la sección LOS DEPORTES

ACTIVIDAD ORAL
- hablar sobre los deportes

ORTOGRAFÍA

I. *EL SONIDO /r/ Y EL SONIDO /rr/*

A. REGLA:

El sonido /rr/ se escribe:

1. entre dos vocales con la letra *rr*.

   ca*rr*o, pe*rr*o, ce*rr*ado

2. al principio de una palabra con la letra *r*.

   *R*oberto, *r*eloj, *r*atón

3. después de las letras *n*, *l*, *s*, con la letra *r*.

   En*r*ique, en*r*edadera, al*r*ededor, des*r*izar

B. REGLA:

El sonido /r/ se escribe:

siempre con la letra <u>r</u>.   ca<u>r</u>a, pe<u>r</u>o, encont<u>r</u>a<u>r</u>on

C. PRECAUCIÓN IMPORTANTE:

La letra <u>rr</u> sólo se usa entre vocales. Aunque se oiga larga (ha<u>r</u>to, habla<u>r</u>) *nunca* debe escribirse <u>rr</u> en esa posición.

Actividades

Escriba los ejercicios que siguen en una hoja de papel.

Actividad 1

Indique cuáles de las siguientes palabras están escritas correctamente y cite la regla. Escriba las otras palabras en su forma correcta.

Ejemplo: frrente   *forma correcta:* frente   *regla:* la <u>rr</u> se usa sola entre vocales

1. Rramón   2. enrollar   3. cerro   4. mentirr   5. flor   6. Enrique

Actividad 2

Prepárese para escribir las siguientes palabras cuando las dicte su maestro. Ponga atención al contraste de sonidos y a la ortografía en cada uno de los pares de palabras.

1. ahora, ahorra
2. caro, carro
3. forro, foro
4. morro, moro
5. corro, coro
6. vara, barra
7. varios, barrios
8. amara, amarra
9. enterado, enterrado
10. parra, para

Actividad 3

Escriba otras 10 palabras que tengan la letra <u>rr</u>.

Actividad 4

Escriba otras 10 palabras que tengan la letra <u>r</u> entre vocales.

Actividad 5

Escriba 10 palabras que tengan la letra r̲ antes de una consonante
Ejemplos: ca*r*ta, la*r*go.

Actividad 6

Escriba 10 palabras que tengan la letra r̲ después de una consonante.
Ejemplos: f*r*ente, lib*r*o.

D. CONFUSIÓN DE r̲ CON d̲.
(Sólo para estudiantes que escriben pada en lugar de para, etc.)

Actividad 1

Pronuncie cuidadosamente los siguientes pares de palabras:

1. cara, cada	5. loro, lodo
2. toro, todo	6. parece, padece
3. moro, modo	7. duro, dudo
4. puro, pudo	8. coro, codo

Actividad 2

Pronuncie nuevamente cada par de palabras, notando la posición de la lengua al pronunciarlas.

Actividad 3

Conteste las siguientes preguntas sobre la posición de la lengua al pronunciar r̲ y d̲ entre vocales.

1. ¿Cuál sonido se parece al sonido /th/ en la palabra inglesa *then*?
2. ¿Cuál sonido se pronuncia con la punta de la lengua tocando el borde detrás de los dientes?

E. REGLA PRÁCTICA:

En casos de duda, cuando no se sepa si se debe escribir r̲ o d̲, *sólo* debe usarse la d̲ si al decir una palabra lentamente, la lengua pasa entre los dientes.

Actividad 1

Corrija los errores en las siguientes oraciones:

1. Quiedo que mi papá me dé dos dólares.
2. Es una persona muy rada. No le gusta el oro.
3. Ayer llegadon muy tarde los dos hermanos.

4. Juan suda mucho cuando trabaja en el campo.
5. Pedro no ha vivido en esa torre.
6. Mi libro no tiene foro pero está muy limpio.
7. María se pegó en un codo y le dolió mucho.
8. Padece que nadie va a venir a la fiesta.
9. ¡Ni modo! no podremos ir al juego.
10. Juan entró lleno de loro y su abuelita hizo que se limpiada los zapatos antes de subir a su cuarto.

II. *REPASO DE ACENTOS*

Los acentos que marcan la sílaba tónica.

Actividad 1

En una hoja de papel, escriba las tres fórmulas que se utilizan para decidir si una palabra necesita acento para marcar la sílaba tónica.

    Fórmula #1   Fórmula #2   Fórmula #3

Actividad 2

En las siguientes oraciones, divida todas las palabras que tengan más de una sílaba y marque la sílaba tónica. Después de hacer el análisis necesario, decida si la palabra necesita acento escrito.

1. El joven se fue con sus primos trabajadores y encontro un tesoro.
2. Los jovenes compraran un telescopio plastico para estudiar una constelacion lejana.
3. Este proyecto sera más dificil que el proyecto de Ruben.

Actividad 3

Examine las palabras acentuadas e identifique cada acento como:

#1 acento que rompe un diptongo
#2 acento que marca la sílaba tónica
#3 acento de diferenciación

1. ¿Cómo dices que se llama la hermana de Mónica?
2. A mí siempre me ha parecido una tontería jugar al golf.
3. Ayer sonó el teléfono despúes de que me había acostado.
4. Yo no sé si tú sabes, pero mi mamá es química.
5. Los árboles son más altos aquí.

III. *CÓMO SE ESCRIBE*

Lista #14

Palabras que deben saberse

1. ejército	11. general
2. majestad	12. pescado
3. energía	13. llegaste
4. situación	14. cuerda
5. palabra	15. dirigir
6. íbamos	16. rápidamente
7. personaje	17. cara
8. bigote	18. jabón
9. fuiste	19. celos
10. cejas	20. duro

Actividad 1

Copie las palabras que aparecen en la lista #14.

Actividad 2

1. Escriba las palabras que tengan el sonido /h/ escrito con la letra *j*.
2. Escriba las palabras que tengan el sonido /h/ escrito con la letra *g*.
3. Escriba las palabras que tengan una *r* entre vocales.
4. Escriba las palabras que tengan una *r* antes de una consonante.
5. Escriba las palabras que tengan el sonido *k*.

Actividad 3

1. Encuentre las palabras que tengan acento para marcar la sílaba tónica.
2. Encuentre las palabras que tengan acento para romper un diptongo.

Actividad 4

1. Dé el plural de las siguientes palabras. Ponga atención al uso de acentos.

   bigote   majestad   ejército   jabón   situación
2. Encuentre las palabras en la lista #14 que rimen con las siguientes palabras:

   vara,   diste,   muerda,   velos,   muro,   lenguaje

Actividad 5

El adverbio rápidamente *está formado del adjetivo femenino* rápida + *el sufijo* mente. *Forme adverbios con los siguientes adjetivos masculinos. Nota: si el adjetivo tiene acento escrito, se usa el acento también en el adverbio.*

1. entero	3. difícil	5. nuevo
2. maravilloso	4. fácil	6. cariñoso

Actividad 6

Escriba las formas correctas.

1. jabón, jabon, jábon, gabon
2. pescado, peskado, pescao
3. energía, enerjía, energiá
4. fuiste, fiuste, fuíste
5. personjage, personajé, personaje

ESTRUCTURA

*LOS VERBOS REGULARES DE LA SEGUNDA CONJUGACIÓN (VERBOS DE -er) Y
LOS TIEMPOS PRESENTE, IMPERFECTO, Y PRETÉRITO*

REGLA:

Todos los verbos regulares que tengan un infinitivo que termina en –er se conjugan en
los tiempos PRESENTE, IMPERFECTO, y PRETÉRITO de acuerdo con los siguientes
modelos:

Modelo: Verbo de -er conjugado

Verbo: comer   Raíz: com

	PRESENTE		IMPERFECTO		PRETÉRITO	
	Raíz	Terminación	Raíz	Terminación	Raíz	Terminación
yo	com	o	com	ía	com	í
tú	com	es	com	ías	com	iste
usted él ella	com	e	com	ía	com	ió
nosotros	com	emos	com	íamos	com	imos
ustedes ellos ellas	com	en	com	ían	com	ieron

Actividad 1

La raíz de los verbos de -er se forma quitando la terminación -er. De acuerdo con esta regla y el modelo del verbo comer, *escriba la raíz de los verbos:* comprender, barrer, vender, meter, correr.

Actividad 2

De acuerdo con el modelo del verbo comer, *conjugue los verbos* correr *y* vender *en el tiempo presente.*

Actividad 3

De acuerdo con el modelo del verbo comer, *conjugue los verbos* comprender *y* barrer *en el imperfecto.*

Actividad 4

De acuerdo con el modelo del verbo comer, *conjugue los verbos* correr *y* meter *en el pretérito.*

Actividad 5

Repaso: Uso de los tiempos presente, imperfecto, y pretérito.

Complete:

1. El tiempo presente se usa para hablar de acciones que _____ .
2. El tiempo imperfecto se usa para hablar de acciones que _____ .
3. El tiempo pretérito se usa para hablar de acciones que _____ .

Actividad 6

1. Escriba una oración en el presente para cada uno de los siguientes verbos: correr, comer, barrer.
2. Escriba una oración en el imperfecto para cada uno de los mismos verbos.
3. Escriba una oración en el pretérito para cada uno de los mismos verbos.

Actividad 7

Identifique el tiempo de los verbos subrayados.

1. Juan comía mucho cuando era niño.
2. No comprendo lo que ese señor me quiere decir.
3. Ellos vendieron el radio hace una semana.
4. Metimos al niño en el agua para que aprendiera a nadar.
5. Ellas corrían cinco millas todos los días cuando estaban en el equipo de basquetbol.

Actividad 8

Cambie las siguientes oraciones (que están en el presente) al imperfecto y luego al pretérito.

Ejemplo: *Presente*   *Imperfecto*   *Pretérito*
              Juan corre mucho.   Juan corría mucho.   Juan corrió mucho.
  1. Tú vendes libros.
  2. Ella comprende la lección.
  3. Ustedes comen muy poco.
  4. Los niños aprenden pronto.
  5. María cose mucho.

VOCABULARIO

I. *LOS DEPORTES*

En su cuaderno de vocabulario, escriba el equivalente en español de cada una de las siguientes palabras inglesas. Al terminar, revise su trabajo en la sección PALABRAS EN USO.

PALABRAS CLAVES

1. baseball	14. swimming
2. basketball	15. athlete
3. football	16. stadium
4. soccer	17. court
5. tennis	18. spectator
6. golf	19. fan
7. track and field	20. coach
8. skiing	21. swimming pool
9. skating	22. hockey
10. wrestling	23. competition
11. gymnastics	24. team
12. volleyball	25. gymnasium
13. boxing	

II. *PALABRAS EN USO*

Muchos jóvenes juegan a varios deportes durante el año. Hay deportes individuales y deportes de equipo. Hoy día las escuelas les dan a los jóvenes la oportunidad de participar en los deportes.

En muchas escuelas secundarias los deportes más populares son basquetbol, y fútbol americano. También se juega mucho al fútbol y béisbol en algunas secciones del país. Todos estos deportes son de equipo. Muchas personas pueden participar como jugadores o espectadores. Se juegan en estadios o gimnasios.

Los estudiantes de secundaria también pueden competir en otros deportes. Hay competencia de tenis, golf, natación, gimnástica y lucha libre. Para el tenis se necesitan canchas especiales. El golf se juega en un campo de golf. La natación requiere una piscina. Aunque muchas escuelas no tienen estos lugares especiales, casi siempre se pueden hallar en el pueblo o la ciudad donde uno vive. La gimnástica y la lucha libre se pueden practicar en un gimnasio u otro salón grande. Todos estos son deportes individuales.

Los deportes escolares atraen a muchos aficionados, especialmente en lugares donde no hay deportes profesionales.

Cada cuatro años, los mejores atletas del mundo se reúnen para los Juegos Olímpicos. En estos juegos se puede participar en deportes de equipo y en deportes individuales. Hay juegos de verano y de invierno. Algunos de los deportes de verano son el boxeo, campo y pista, y vóleibol. En el invierno hay el esquí, el patinaje y el hockey. Los entrenadores de los varios equipos se escogen generalmente de los mejores del país.

Actividad 1

Conteste las siguientes preguntas:

1. ¿En qué deportes participa usted?
2. ¿En qué deporte tiene más éxito su escuela?
3. ¿A cuáles deportes profesionales sigue usted? ¿Cuáles son sus equipos favoritos?

Actividad 2

Explique la diferencia entre:

1. fútbol americano y fútbol
2. basquetbol y béisbol
3. el esquí y el patinaje
4. el boxeo y la lucha libre

ACTIVIDAD ORAL

Actividad 1

Prepárese para explicar cómo se juega a uno de los siguientes deportes:

1. el béisbol
2. el vóleibol
3. el basquetbol
4. el fútbol americano

Diga cuántos jugadores hay, cuántos equipos juegan a la vez, cuáles son algunas de las reglas básicas y qué equipaje especial se necesita.

Actividad 2

Prepárese para discutir el siguiente tema. Debe indicara si usted está de acuerdo o no, dando sus razones:

"El deporte es solamente para los atletas más hábiles".

CAPÍTULO XV

Al terminar este capítulo, usted podrá:

ORTOGRAFÍA
- escribir correctamente un grupo de palabras frecuentes que tienen el sonido /y/
- recordar el uso del acento que rompe el diptongo
- escribir correctamente las 20 palabras de la sección CÓMO SE ESCRIBE

ESTRUCTURA
- conjugar verbos regulares de la tercera conjugación en el presente, imperfecto, y pretérito

COMPOSICIÓN
- escribir un resumen de un cuento

ORTOGRAFÍA

I. *EL SONIDO /y/*

A. REGLA: EL SONIDO /y/ SE ESCRIBE EN ESPAÑOL CON:

1. la letra *y*.   a*y*er, arro*y*o, *y*a
2. la letra *ll*.   rodi*ll*a, po*ll*o, *ll*anto
3. la combinación *hie*.   *hie*lo, *hie*rba

B. REGLAS PRÁCTICAS:

1. La ortografía de las palabras que tienen el sonido /y/ se tiene que aprender de memoria.

2. Estudie las siguientes listas de palabras frecuentes y consúltelas en caso de duda.

Lista #1

Palabras que escriben el sonido /y/ con la letra _y_.

1. apoyar	10. mayo	19. yo
2. arroyo	11. mayor	20. cayó
3. ayer	12. mayoría	21. leyó
4. ayuda	13. proyecto	22. creyó
5. ayudar	14. rayar	23. cayendo
6. ensayar	15. rayo	24. leyendo
7. ensayo	16. suya/suyo	25. creyendo
8. leyes	17. tuya/tuyo	26. haya
9. reyes	18. ya	27. vaya

Lista #2

Palabras que escriben el sonido /y/ con la letra _ll_.

1. allá	14. ella	27. milla
2. allí	15. ellos	28. millón
3. hallar	16. ello	29. orgullo
4. amarillo	17. estrella	30. pantalla
5. apellido	18. gallina	31. rodilla
6. aquella/aquello	19. ladrillo	32. semilla
7. callar	20. llamar	33. silla
8. calle	21. llanta	34. talle
9. castillo	22. llegar	35. tortilla
10. collar	23. llenar	36. mejilla
11. cuchillo	24. llorar	37. costilla
12. cuello	25. martillo	38. maravilla
13. chiquillo	26. medalla	39. sencilla

Actividades

Escriba los siguientes ejercicios en una hoja de papel.
Actividad 1

Busque en un diccionario todas las palabas que empiecen con la combinación hie.

Actividad 2

Prepárese para escribir las palabras de las listas 1 y 2 cuando las dicte su maestro.

Actividad 5

Lea las siguientes oraciones con cuidado. Decida si las palabras subrayadas necesitan acento para romper el diptongo. Escriba las oraciones y ponga los acentos que se necesiten donde correspondan.

1. El <u>patio</u> <u>mio</u> estaba <u>limpio</u>.
2. <u>Raul</u> <u>vivia</u> en un <u>pais</u> lejano.
3. <u>Mario</u> trabaja en el <u>cementerio</u> <u>vacio</u>.
4. El señor <u>Garcia</u> <u>escribia</u> a su <u>familia</u> todos los <u>dias</u>.
5. En esa clase <u>estudiamos</u> <u>geometria</u>, <u>biologia</u>, y otras <u>ciencias</u>.

III. *CÓMO SE ESCRIBE*

Lista #15

Palabras que deben saberse

1.	monje	11.	profesor
2.	celda	12.	preocupación
3.	cinto	13.	política
4.	circular	14.	acercar
5.	anuncio	15.	necesario
6.	aceite	16.	planchar
7.	cielo	17.	ciego
8.	vejez	18.	cintura
9.	diferente	19.	presencia
10.	colegio	20.	inocente

Actividad 1

Copie las palabras que aparecen en la lista #15.

Actividad 2

1. Lea en voz alta las palabras que tengan el sonido /h/ .
2. Lea en voz alta las palabras que tengan el sonido /s/ escrito con la letra <u>z</u>.
3. Lea en voz alta las palabras que tengan el sonido /s/ escrito con la letra <u>c</u>.
4. Lea en voz alta las palabras que tengan el sonido /s/ escrito con la letra <u>s</u>.
5. Lea en voz alta la palabra que use la letra <u>c</u> para representar los sonidos /s/ y /k/.

Actividad 3

1. Encuentre los infinitivos que aparecen en la lista #15.
2. Diga a qué conjugación pertenecen.
3. Conjugue uno de estos infinitivos en el tiempo presente.

Actividad 4

1. Encuentre los adjetivos que aparecen en la lista #15.
2. Dé el plural de los siguientes sustantivos:
   monje   cinto   profesor   ciego

Actividad 5

1. *Explique la diferencia ortográfica entre el inglés y el español en las siguientes palabras:*

colegio/college   diferente/different   profesor/professor   necesario/necessary
inocente/innocent

Actividad 6

Explique para qué sirven, o sea, para qué se usan las siguientes cosas:

1. una celda
2. un anuncio
3. un cinto
4. el aceite
5. la política

Actividad 7

Escriba la forma correcta.

1. necessario, neccesario, necesario
2. professor, proffesor, profesor
3. colegio, colejio, collegio

ESTRUCTURA

LOS VERBOS DE LA TERCERA CONJUGACIÓN (VERBOS DE -ir) Y LOS TIEMPOS PRESENTE, IMPERFECTO, Y PRETÉRITO

REGLA:

Todos los verbos *regulares* que tengan un infinitivo que termina en *–ir*, se conjugan en los tiempos PRESENTE, IMPERFECTO, y PRETÉRITO de acuerdo con los siguientes modelos:

Modelo: Verbo de -ir conjugado

Verbo: abrir   Raíz: abr

	PRESENTE		IMPERFECTO		PRETÉRITO	
	Raíz	Terminación	Raíz	Terminación	Raíz	Terminación
yo	abr	o	abr	ía	abr	í
tú	abr	es	abr	ías	abr	iste
usted ⎞ él ⎬ ella ⎠	abr	e	abr	ía	abr	ió
nosotros	abr	imos	abr	íamos	abr	imos
ustedes ⎞ ellos ⎬ ellas ⎠	abr	en	abr	ían	abr	ieron

Actividad 1

De acuerdo con el modelo del verbo abrir, *dé la raíz de los siguientes verbos:* vivir, subir, escribir, descubrir.

Actividad 2

De acuerdo con el modelo del verbo abrir, *conjugue los verbos* subir *y* vivir *en el tiempo presente.*

Actividad 3

De acuerdo con el modelo del verbo abrir, *conjugue los verbos* descubrir *y* vivir *en el tiempo imperfecto.*

Actividad 4

De acuerdo con el modelo del verbo abrir, *conjugue los verbos* escribir *y* subir *en el tiempo pretérito.*

Actividad 5

Identifique el tiempo de los verbos subrayados.

1. Yo viví en esa casa por muchos años.
2. El vive en una casa amarilla.
3. Nosotros escribíamos poesías cuando éramos jóvenes.
4. Ustedes subieron al segundo piso.
5. Ellos descubrieron un tesoro.

Actividad 6

1. Escriba una oración en el tiempo presente con el verbo vivir.
2. Escriba una oración en el imperfecto con el verbo escribir.
3. Escriba una oración en el pretérito con el verbo subir.

Actividad 7

1. Escriba las terminaciones que se usan en el presente para los verbos de la segunda conjugación.
2. Escriba las terminaciones que se usan en el presente para los verbos de la tercera conjugación.
3. ¿Cuál es la única diferencia entre las dos conjugaciones en este tiempo?
4. Compare las terminaciones del imperfecto usadas en estas dos conjugaciones. ¿Hay diferencias?
5. Compare las terminaciones del pretérito usadas en estas dos conjugaciones. ¿Hay diferencias?

COMPOSICIÓN

CÓMO SE HACE UN RESUMEN DE UN CUENTO

En un resumen de un cuento es necesario contestar ciertas preguntas. Hay que decir cómo se llama el cuento, quién lo escribió, y cuál es el tema. En otro párrafo se habla del argumento y de los personajes principales. Un párrafo del resumen se debe dedicar a cómo el autor desarrolla su tema. En el último párrafo se habla de cómo le hace sentir el cuento al lector. También se puede hablar de algo o alguien que le recordó el cuento.

En este ejercicio usted va a escribir un resumen de cualquier cuento que haya leído.

Actividad 1

Haga un esquema de su composición, contestando las siguientes preguntas:

Párrafo I

1. ¿Cómo se llama el cuento?
2. ¿Quién es el autor?
3. ¿Cuál es el tema?

Párrafo II

1. ¿Cuáles son los elementos básicos del argumento?
2. ¿Quiénes son los personajes más importantes?

Párrafo III
   1. ¿Cómo desarrolla el autor el tema?
   2. ¿Cuál es el punto de vista?
   3. ¿Usa el lenguaje de una manera especial?

Párrafo IV
   1. ¿Qué sintió usted cuando leyó el cuento?
   2. ¿Le recordó algo de su propia vida?

Actividad 2

Escriba su resumen usando como guía el esquema que escribió en la Actividad 1. *Revise su composición poniendo atención a la ortografía, los acentos escritos, la concordancia de número y género, y la forma de los verbos.*

CAPÍTULO XVI

Al terminar este capítulo, usted podrá:

ORTOGRAFÍA
- escribir correctamente las palabras frecuentes que se escriben con la letra *h*
- escribir correctamente las 20 palabras de la sección CÓMO SE ESCRIBE

VOCABULARIO
- dar el equivalente en español de cada palabra inglesa incluida en la sección EL GOBIERNO

ESTRUCTURA
- comparar las terminaciones de las tres conjugaciones en los tiempos presente, imperfecto y pretérito
- identificar verbos regulares en los tres tiempos

COMPOSICIÓN
- corregir errores en dos pasajes

ORTOGRAFÍA

I. *LA LETRA* h

A. REGLA:

La letra *h* nunca tiene sonido. Siempre es muda.

B. REGLAS PRÁCTICAS:

1. Un gran número de palabras que se escriben con la letra *h* tienen un equivalente en inglés que también se escribe con *h*.
2. La mayoría de las palabras que se escriben con la letra *h* tienen que aprenderse de memoria.
3. Estudie las siguientes listas de palabras frecuentes y consúltelas en caso de duda.

Lista #1

Palabras con un equivalente en inglés que se escribe con _h_.

1. habitante	10. histórico	19. hostil
2. hábito	11. Holanda	20. hotel
3. hambre	12. holandés	21. humanidad
4. héroe	13. honesto	22. humano
5. heroísmo	14. honor	23. húmedo
6. heroico	15. horizonte	24. humildad
7. himno	16. horrible	25. humor
8. hispánico	17. horror	26. prohibir
9. historia	18. hospital	27. vehículo

Lista #2

Palabras que tienen que aprenderse de memoria.

1. ahí	16. hecho	31. hombre
2. ahogar	17. helar	32. hombro
3. ahora	18. hembra	33. hondo
4. ahorita	19. herida	34. hora
5. ahorrar	20. herido	35. horno
6. almohada	21. hermano	36. hoy
7. bahía	22. hermoso	37. hueco
8. haber	23. herramienta	38. huella
9. hábil	24. hielo	39. huerta
10. habilidad	25. hierba	40. hueso
11. hablar	26. hierro	41. huevo
12. hacía	27. hijo	42. huir
13. hallar	28. hilo	43. humo
14. harto	29. hoja	44. hundido
15. hasta	30. hola	45. hundir

Actividades

Escriba los siguientes ejercicios en una hoja de papel.

Actividad 1

Escriba los equivalentes en inglés de las palabras que aparecen en la lista #1.

Actividad 2

Copie las siguientes oraciones en una hoja de papel.

1. En la huerta de mi tío, hay naranjas y manzanas.
2. Ha hecho mucho frío en estos días y las plantas se helaron.
3. Es bueno ahorrar dinero en el banco.
4. Para ser carpintero se necesita herramienta, o sea, se necesitan martillos y desarmadores.
5. Nos encontramos un tesoro que estaba en un barco hundido.

Actividad 3

Dé el equivalente en español de las siguientes palabras inglesas:

1. pillow	6. smoke	11. right now	16. hello
2. find	7. bay	12. beautiful	17. thread
3. wound	8. ability	13. leaf	18. to freeze
4. deep	9. to talk	14. shoulder	19. fed up
5. oven	10. today	15. hollow	20. footprint/trace

Actividad 4

Escriba una oración con cada una de las siguientes palabras:

1. hueso	4. hasta	7. hijo	10. hundir
2. ahí	5. hombre	8. hacía	11. herido
3. ahogar	6. hierro	9. haber	12. hábil

Actividad 5

Encuentre en el diccionario 10 palabras que se escriban con la letra h. No incluya las palabras de las listas 1 y 2.

II. *CÓMO SE ESCRIBE*

Lista #16

Palabras que deben saberse

1. queja	11. negocio
2. ajeno	12. tambor
3. medicina	13. impaciencia
4. urgente	14. pedir
5. música	15. nacer
6. ejemplo	16. posible
7. descendiente	17. farmacia
8. encerrar	18. lavar
9. guitarra	19. pronunciar
10. noticia	20. reciente

Actividad 1

Copie las palabras que aparecen en la lista #16.

Actividad 2

1. Lea en voz alta las palabras de la lista #16 que lleven acento escrito.
2. Explique la función del acento.
3. Lea en voz alta los infinitivos que aparecen en la lista #16.
4. Diga a qué conjugación pertenece cada uno.

Actividad 3

1. Escriba las palabras de la lista que tengan una <u>u</u> muda.
2. Escriba las palabras que tengan el sonido /ke/.
3. Escriba todas las palabras que tengan el sonido /s/ escrito con la letra <u>c</u>.
4. Escriba todas las palabras que tengan el sonido /h/ escrito con la letra <u>j</u>.
5. Escriba todas las palabras que tengan el sonido /h/ escrito con la letra <u>g</u>.
6. Escriba todas las palabras que tengan el sonido /g/.

Actividad 4

Encuentre dos palabras en la lista que puedan formar palabras nuevas cuando se les agrega el prefijo im-.

Actividad 5

Palabras relacionadas.
Escriba y complete las siguientes oraciones según el sentido. Busque en un diccionario las palabras que no sepa.

1. Una persona que toca la <u>guitarra</u> profesionalmente es un ___ .
2. Una persona que demuestra mucha <u>impaciencia</u> es una persona ___ .
3. Una persona que se dedica a la <u>música</u> es un ___ .
4. Una persona que se dedica a los <u>negocios</u> es un ___ .
5. Un <u>farmacéutico</u> es una persona que lleva la responsabilidad de una ___ .

Actividad 6

Escriba oraciones originales con cada una de las siguientes palabras:

ajeno   reciente   ejemplo   noticia   nacer

VOCABULARIO

I. *EL GOBIERNO*

En su cuaderno de vocabulario, escriba el equivalente en español de cada una de las siguientes palabras inglesas. Al terminar, revise su trabajo en la sección PALABRAS EN USO.

PALABRAS CLAVES

1. Democratic
2. Republican
3. election
4. Congress
5. Bill of Rights
6. legislature
7. city council
8. state
9. Supreme Court
10. senator
11. amendment
12. constitution
13. campaign
14. citizen
15. judge, justice
16. president
17. governor
18. laws
19. cabinet
20. vice-president
21. mayor
22. party
23. county
24. candidate
25. representative

II. *PALABRAS EN USO*

Cada año hay una elección en que elegimos a los que gobiernan a nuestro país, estado, condado o ciudad. Cualquier ciudadano que tenga 18 años o más puede participar en las elecciones.

La campaña de los candidatos para presidente y vicepresidente, que se lleva a cabo cada cuatro años, siempre llama la atención. Ellos prometen mucho antes de la elección.

Otra elección importante es para elegir a los miembros del Congreso. Aunque los senadores y representantes son elegidos por los estados, el Congreso es la legislatura nacional. Cada estado elige a dos senadores. El número de representantes se determina según la población del estado.

El presidente nombra los jueces (magistrados) de la Corte Suprema de los Estados Unidos y del Gabinete (Consejo de Ministros), pero el Congreso tiene que aprobar sus selecciones.

En las elecciones del estado se elige un gobernador para dirigir el gobierno. Muchas ciudades tienen un alcalde y un concejo municipal.

Hay dos partidos principales en nuestro país. Son el Partido Demócrata y el Partido Republicano.

El documento que formula la organización del gobierno federal y declara las leyes básicas es la constitución. Las primeras diez enmiendas a la Constitución de los EE.UU. se llaman la Declaración de Derechos.

Actividad 1

Conteste las siguientes preguntas:

1. ¿Cómo se llaman el presidente y el vicepresidente de los EE.UU.?
2. ¿Quiénes son los dos senadores que representan a su estado en el Congreso?
3. ¿Cómo se llama el gobernador de su estado?
4. ¿Quién es el alcalde de su ciudad o pueblo?
5. ¿Cuántos años tiene que tener un ciudadano para votar en este país?
6. Además de la Declaración de Derechos, ¿cuáles son otras enmiendas a la Constitución?

Actividad 2

Explique la diferencia entre:

1. un gobernador y un alcalde
2. el Congreso y el concejo municipal
3. un senador y un representante
4. la Corte Suprema y el Gabinete
5. una elección y una campaña

Actividad 3

Prepárese para explicar lo que usted haría en una de las siguientes situaciones:

1. Usted es un candidato para alcalde de su ciudad (pueblo). Diga qué cambios haría usted para mejorar su ciudad.
2. Usted acaba de ser elegido gobernador de su estado. Diga por qué se necesita una ley nueva en su estado para conservar el ambiente natural.
3. Usted es un senador que representa a su estado en el Congreso. Diga qué proyecto federal recomendaría usted para ayudar a su estado.

ESTRUCTURA

I. *RESUMEN DE LOS VERBOS REGULARES—PRESENTE, IMPERFECTO Y PRETÉRITO*

A. REGLA:

Los verbos de las tres conjugaciones usan la raíz del infinitivo como base.

Ejemplos:	*Infinitivo*	*Raíz*	*Base del verbo conjugado*
	hablar	habl(ar)	habl-
	comer	com(er)	com-
	abrir	abr(ir)	abr-

B. REGLA:

Los verbos regulares agregan las terminaciones de la conjugación a la cual pertenecen para formar los tiempos indicados.

TABLA DE RESUMEN

1ra Conjugación Verbos de _-ar_	2da Conjugación Verbos de _-er_	3ra Conjugación Verbos de _-ir_

Tiempo *Presente:* Terminaciones

-o	-o	-o
-as	-es	-es
-a	-e	-e
-amos	-emos	-imos
-an	-en	-en

Tiempo *Imperfecto:* Terminaciones

-aba	-ía	-ía
-abas	-ías	-ías
-aba	-ía	-ía
-ábamos	-íamos	-íamos
-aban	-ían	-ían

Tiempo *Pretérito:* Terminaciones

-é	-í	-í
-aste	-iste	-iste
-ó	-ió	-ió
-amos	-imos	-imos
-aron	-ieron	-ieron

Actividad 1

Examine la TABLA DE RESUMEN y conteste las siguientes preguntas.

1. ¿Cuál es la diferencia entre los verbos de la segunda y tercera conjugación?
2. ¿Cuál es la función del acento en el tiempo imperfecto para los verbos de la segunda y tercera conjugación?
3. ¿Cuál es la función del acento en el tiempo pretérito para los verbos de las tres conjugaciones?

Actividad 2

Identifique a qué tiempo pertenecen las siguientes terminaciones.

1. -o	6. -es	11. -a
2. -ía	7. -emos	12. -aba
3. -ieron	8. -ábamos	13. -ían
4. -í	9. -aste	14. -é
5. -abas	10. -iste	15. -e

Actividad 3

Identifique con cuál(es) pronombre(s) concuerdan las siguientes terminaciones.

Ejemplo: *-es* concuerda con el pronombre *tú*.

1. -amos	6. -ábamos
2. -ían	7. -aron
3. -íamos	8. -ías
4. -as	9. -es
5. -an	10. -ieron

C. CÓMO SE IDENTIFICAN LOS TIEMPOS AL VER SOLAMENTE LA FORMA.

Regla:
Para identificar el tiempo de un verbo regular:

1. se escribe el infinitivo.
2. se subraya la raíz.
3. se analiza la terminación que queda (pueda usarse la TABLA DE RESUMEN).
4. se identifica el tiempo.

Ejemplos:

Columna 1	Columna 2	Columna 3	Columna 4
Verbo conjugado	*Infinitivo*	*Raíz + terminación*	*Identificación*
escribíamos	escribir	escrib + íamos	tiempo: imperfecto
llegó	llegar	lleg + ó	tiempo: pretérito

Actividad 1

Divida una hoja de papel en cuatro columnas. Identifique cada columna como se indica en el ejemplo anterior. Complete la información necesaria en cada columna para los siguientes verbos:

1. regresó	6. sube	11. llorábamos	16. estudié
2. sufrías	7. subió	12. llegó	17. comprendían
3. prometieron	8. subía	13. metimos	18. invito
4. prometes	9. comieron	14. mataste	19. invitó
5. vendiste	10. come	15. abrí	20. preguntaba

COMPOSICIÓN

Corrección de pruebas

Actividad 1

Encuentre errores de:

a. género
b. número
c. verbos que no están de acuerdo con sus sujetos

Escriba el pasaje corrigiendo los errores.

Conozco a una señora que son uno de los candidatos para alcaldesa de mi pueblo. Aquí los alcaldes se eligen cada cuatro año. Nunca hemos tenido un alcaldesa. El otro candidatos es un hombre. Las dos van a debatir mañana por el noche en la escuela. Yo vamos a escuchar el debate. Tengo que decidir para quién voy a votar. Yo no sabe quién va a ganar pero los dos es muy hábiles. El elección es en noviembre. Todo los ciudadanos debe votar.

Actividad 2

Encuentre errores de ortografía. Escriba el pasaje otra vez corrigiendo los errores.

A Migel le gusta hugar a muchos deportes. El siempre está practicando con uno de los ekipos. Huega al béisbol, al basquetbol y al fútbol amedicano. Es un muchacho fuelte y grande. El quiede ser un jugador professional. Primedo él teine que terminar sus estudios de secundaria. Entonses peinsa ir a la universida para estudial contabilidad. Quiede tener una buena carrera por si acaso no yega a ser un jugador profesional.

CAPÍTULO XVII

Al terminar este capítulo, usted podrá:

ORTOGRAFÍA
- escribir correctamente la combinación de sonidos /sion/
- escribir correctamente las palabras hay, allí, ahí, y ay
- escribir correctamente las 20 palabras de la sección CÓMO SE ESCRIBE

VOCABULARIO
- dar el equivalente en español de la lista de palabras incluidas en la sección OCUPACIONES Y PROFESIONES

ESTRUCTURA
- reconocer la diferencia entre verbos regulares e irregulares
- conjugar 8 verbos irregulares frecuentes
- identificar el tiempo de 8 verbos irregulares frecuentes

ORTOGRAFÍA

I. *LA COMBINACIÓN DE SONIDOS /sion/*

A. REGLAS:

1. Casi todas las palabras inglesas que se escriban con *–tion*, se escriben en español con *–ción*.
2. Casi todas las palabras inglesas que se escriban con *–sion*, se escriben en español con *–sión*.

Ejemplos:

Inglés	*Español*
accusation	acusación
composition	composición
communication	comunicación
commission	comisión
decision	decisión
depression	depresión

B. EXCEPCIONES:

1. Seis palabras frecuentes se escriben en español con *–tión*:

combustión   cuestión   congestión

digestión   indigestión   sugestión

2. Tres palabras frecuentes se escriben con *–xión*:

conexión   crucifixión   reflexión

Actividades

Escriba los siguientes ejercicios en una hoja de papel.

Actividad 1

Escriba el equivalente en español de las siguientes palabras inglesas:

1. mansion
2. action
3. production
4. obsession
5. extension
6. question
7. obligation
8. proportion
9. expression
10. version
11. occasion
12. depression
13. reflection
14. education
15. function
16. interpretation
17. digestion
18. connection
19. imagination
20. precision

II. *PALABRAS QUE SE CONFUNDEN:* hay, allí/ahí, ay

REGLAS:

A. Hay es verbo. Indica que algo existe. Se traduce al inglés como *there is, there are*.

B. Allí es adverbio. Indica el lugar donde se encuentra algo.

C. Ahí es adverbio. Se usa exactamente igual que allí.

D. Ay es interjección. Se usa en exclamaciones de sorpresa, gusto, etc.

Ejemplos: Hay: Hay mucha gente en esta clase.
Sé que hay suficiente arroz para todos.

Allí: Allí está la casa de Pedro.
Juan se cayó allí en frente de esa iglesia.

Ahí: Ahí está la casa de Pedro.
Juan se cayó ahí en frente de esa iglesia.

Ay: ¡Ay! Me picó una víbora.
¡Ay, qué barbaridad!

Actividad 1

Escriba las siguientes oraciones y complete los blancos con hay, allí/ahí, *o* ay.

1. ¿Cuántas mujeres _____ en tu familia?
2. Tengo que ir _____ mañana para comprar unas cosas.
3. _____ veces que me dan ganas de gritar.
4. El muchacho gritó _____ cuando vio al ladrón.
5. Nos encontramos el tesoro _____ debajo de ese árbol.
6. Cuando llegué a la casa, _____ estaban los dos en la sala.
7. Cuando no _____ dinero, tenemos que comer menos.
8. Esa casa queda _____ por la calle Cervantes.
9. ¡ _____ bendito! ¿Qué vamos a hacer cuando llegue tu padre?
10. ¿Sabes dónde _____ flores?

Actividad 2

Escriba dos oraciones originales con cada una de las siguientes palabras:

1. ay   2. allí   3. ahí   4. hay

Actividad 3

Traduzca las siguientes oraciones al español.

1. There are two boys and two girls in that class.
2. Put it there, please.
3. There are two chairs there in the corner.
4. Who is there?
5. There is nothing to do.

III. *CÓMO SE ESCRIBE*

Lista #17

Palabras que deben saberse

1. reflejar	11. acento
2. castigar	12. ceniza
3. policía	13. paisaje
4. serio	14. decir
5. producir	15. invitar
6. salvaje	16. techo
7. escena	17. cinta
8. realizar	18. deportes
9. objetivo	19. cera
10. suelo	20. traducir

Actividad 1

Copie las palabras que aparecen en la lista #17.

Actividad 2

1. Lea en voz alta todas las palabras de la lista que tengan diptongos.
2. Lea en voz alta todas las palabras de la lista que tengan acento para romper el diptongo.
3. Lea en voz alta todas las palabras de la lista que tengan el sonido /rr/.
4. Lea en voz alta todas las palabras que tengan el sonido /r/.
5. Lea en voz alta todas las palabras que tengan el sonido /k/ escrito con la letra <u>c</u>.
6. Lea en voz alta todas las palabras que tengan el sonido /s/ escrito con la letra <u>s</u>.

Actividad 3

1. Encuentre todos los infinitivos que aparecen en la lista #17.
2. Diga a qué conjugación pertenece cada uno.
3. Conjugue el siguiente verbo en el presente: <u>castigar</u>.
4. Conjugue el siguiente verbo en el imperfecto: <u>invitar</u>.
5. Conjugue el siguiente verbo en el pretérito: <u>reflejar</u>.

Actividad 4

Palabras relacionadas.
Escriba y complete las siguientes oraciones. Busque en un diccionario las palabras que no sepa.

1. Una novela que trata de las actividades de los <u>policías</u> es una novela _____ .
2. Una persona que se dedica a <u>traducir</u> de una lengua a otra es un _____ .
3. Una tarjeta que se usa para <u>invitar</u> a alguien a algo es una _____ .
4. Algo que se <u>produce</u> en una fábrica es un _____ .
5. Un pintor que pinta <u>paisajes</u> es un _____ .

Actividad 5

Explique la diferencia entre:

1. el suelo y el techo
2. invitar y castigar
3. una cinta y un cinto
4. serio y triste
5. ceniza y lumbre

VOCABULARIO

I. *OCUPACIONES Y PROFESIONES*

En su cuaderno de vocabulario, escriba el equivalente en español de cada una de las siguientes palabras inglesas. Al terminar, revise su trabajo en la sección PALABRAS EN USO.

PALABRAS CLAVES

1. worker/laborer
2. policeman
3. fireman
4. farmer
5. painter
6. bricklayer
7. janitor
8. plumber
9. store clerk
10. carpenter
11. secretary
12. nurse
13. bank teller
14. grocer
15. engineer
16. dentist
17. soldier
18. waiter/waitress
19. sailor
20. housewife
21. lawyer
22. teacher
23. musician
24. mailman
25. doctor

II. *PALABRAS EN USO*

La mayoría de las personas tiene que trabajar. Hay muchas ocupaciones y profesiones entre las cuales uno puede escoger.

Hay varias ocupaciones que el obrero (trabajador) puede seguir si le gusta trabajar con las manos. Puede trabajar de plomero, carpintero o albañil. Para estos trabajos hay que estudiar y servir de aprendiz.

Algunos obreros prefieren trabajar afuera al aire libre. Pueden ser agricultores (campesinos), policías, bomberos o carteros. El agricultor generalmente trabaja para sí mismo. El policía, el bombero y el cartero están en el servicio civil, es decir, trabajan para la ciudad o el pueblo.

Una persona puede entrar al servicio militar también. Ahí puede ser soldado o marinero (marino).

Si una persona tiene mucho talento artístico, puede ganarse la vida como músico o pintor (artista).

La persona que se encarga de limpiar y cuidar un edificio de apartamentos u oficinas se llama un conserje (superintendente).

A unas personas les interesan mucho las ciencias. Pueden estudiar para dedicarse a la medicina. Son enfermeras, médicos (doctores) y dentistas.

Otras profesiones que requieren títulos universitarios son las de abogado (licenciado), maestro e ingeniero. El abogado puede especializarse en el derecho penal o civil. El maestro se prepara para enseñar en las escuelas primarias o secundarias. Los estudiantes de ingeniería pueden escoger entre ingeniería eléctrica, mecánica o civil.

Una persona que tiene su propia tienda o bodega es un <u>bodeguero</u> (tendero). A veces tiene un <u>dependiente</u> que trabaja para él.

En los restaurantes trabajan personas que sirven a la gente. Estas personas son <u>camareros</u> o <u>camareras</u> (meseros o meseras).

Un <u>pagador</u> trabaja en un banco. Sirve a las personas que quieren depositar o sacar dinero.

Una <u>secretaria</u> trabaja en una oficina. Atiende a la correspondencia, las llamadas y las citas de su empleador.

La persona que tiene que saber un poco de todo es el <u>ama de casa</u>. Es un trabajo que a veces requiere las habilidades y las destrezas de todos los sobredichos.

Actividad 1

Explique la diferencia entre:

1. un abogado y un policía
2. un médico y una enfermera
3. un agricultor y un conserje
4. un soldado y un marinero

Actividad 2

1. ¿En qué piensa usted trabajar?
2. ¿Qué preparación se necesita para ese trabajo?
3. ¿Conoce usted a alguien que tenga ese trabajo?
4. ¿Cree usted que las mujeres casadas deben trabajar fuera de la casa?
5. ¿Hay algunos trabajos que son solamente para los hombres o las mujeres? ¿Cuáles son?

Actividad 3

1. ¿Qué consejos le daría usted a alguien que quiere ser
   a. agricultor?
   b. secretaria?
   c. policía?
   d. carpintero?
2. ¿Qué debe estudiar? ¿Dónde se puede estudiar? ¿Ganaría bastante dinero?

ESTRUCTURA

I. *ALGUNOS VERBOS IRREGULARES*

A. DEFINICIONES:

1. Son irregulares los verbos que no siguen los modelos de los verbos regulares.

2. Los verbos regulares usan la raíz del infinitivo como base [*habl(*ar), *com(*er), *escrib(*ir)] y agregan las terminaciones regulares.

3. Los verbos irregulares se consideran irregulares:
   a. porque no usan como base la raíz del infinitivo; y
   b. porque no usan las terminaciones regulares.

Ejemplos: Verbos irregulares

Verbo: estar   *Tiempo:* Presente   *Clase de irregularidad*

estoy	No usa todas las terminaciones regulares
estás	*o, as, a, amos, an.*
está	(*Note:* las terminaciones regulares
estamos	no llevan acento)
están	

Verbo: ir   *Tiempo:* Presente   *Clase de irregularidad*

voy	No usa la raíz del infinitivo como base.
vas	
va	No usa las terminaciones del presente de
vamos	los verbos de 3ra conjugación:
van	*o, es, e, imos, en.*

II. *VERBOS IRREGULARES COMUNES: PRESENTE, IMPERFECTO, Y PRETÉRITO*

PRESENTE	*IMPERFECTO*	*PRETÉRITO*
	ser	
soy	era	fui
eres	eras	fuiste
es	era	fue
somos	éramos	fuimos
son	eran	fueron

PRESENTE	IMPERFECTO	PRETÉRITO
	estar	
estoy	estaba	estuve
estás	estabas	estuviste
está	estaba	estuvo
estamos	estábamos	estuvimos
están	estaban	estuvieron
	dar	
doy	daba	di
das	dabas	diste
da	daba	dio
damos	dábamos	dimos
dan	daban	dieron
	ir	
voy	iba	fui
vas	ibas	fuiste
va	iba	fue
vamos	íbamos	fuimos
van	iban	fueron
	ver	
veo	veía	vi
ves	veías	viste
ve	veía	vio
vemos	veíamos	vimos
ven	veían	vieron
	decir	
digo	decía	dije
dices	decías	dijiste
dice	decía	dijo
decimos	decíamos	dijimos
dicen	decían	dijeron
	tener	
tengo	tenía	tuve
tienes	tenías	tuviste
tiene	tenía	tuvo
tenemos	teníamos	tuvimos
tienen	tenían	tuvieron

PRESENTE	IMPERFECTO	PRETÉRITO
	poder	
puedo	podía	pude
puedes	podías	pudiste
puede	podía	pudo
podemos	podíamos	pudimos
pueden	podían	pudieron

Actividad 1

Casi todos los verbos irregulares en el presente y en el pretérito tienen un imperfecto regular. Examine los verbos conjugados arriba y diga cuáles verbos tienen un imperfecto regular.

Actividad 2

Examine los verbos anteriores y explique la diferencia entre las terminaciones del pretérito de los verbos regulares y las terminaciones de los verbos irregulares. ¿Qué pasa con el uso de acentos?

Actividad 3

Algunos verbos irregulares tienen un diptongo en algunas formas del presente que no está en el infinitivo. Examine los verbos anteriores y encuentre dos verbos que tengan esta característica.

Actividad 4

Lea en voz alta los verbos que tengan la terminación -oy en el presente.

Actividad 5

Encuentre dos verbos que tengan las mismas formas en el tiempo pretérito.

Actividad 6

Estudie el verbo estar. Explique el uso de la b y la v.

Actividad 7

Compare el pretérito del verbo tener y del verbo estar. Diga en qué se parecen.

Actividad 8

Escriba y complete las siguientes oraciones con el tiempo presente de los verbos indicados.

1. Yo _____ al cine. (ir)
2. Ella _____ mucho dinero a los pobres. (dar)
3. Tú _____ mucho frío. (tener)
4. Pedro _____ comer mucho. (poder)
5. Yo _____ la verdad. (decir)

Actividad 9

Escriba las oraciones anteriores, cambiando el verbo al tiempo imperfecto.

Actividad 10

Escriba las oraciones anteriores cambiando el verbo al tiempo pretérito.

Actividad 11

Identifique el infinitivo y el tiempo de los siguientes verbos irregulares:

1. Juan *estaba* en la casa cuando *vio* al perro rabioso.
2. Nadie *dijo* nada.
3. No *pudimos* ir al concierto anoche.
4. Ella *fue* maestra de biología.
5. Ahora *estoy* muy pobre.
6. Yo *iba* mucho al cine cuando vivía en Los Angeles.
7. *Tengo* mucha hambre.
8. *Éramos* muy amigos Mario y yo.
9. Yo *estuve* en su casa una sola vez.
10. Hace mucho tiempo que no te *veía*.

TERCER REPASO: CAPÍTULOS XIII–XVII

Actividad 1

Copie las siguientes palabras dividiéndolas en sílabas. Marque la sílaba tónica. Decida si necesitan acento escrito.

1. leccion	6. plastico	11. alli
2. humedo	7. articulo	12. sabado
3. jueces	8. telefono	13. futbol
4. viviamos	9. huracan	14. aceituna
5. campaña	10. mayoria	15. dificil

Actividad 2

Explique la diferencia entre:

1. una tormenta y un terremoto
2. un gimnasio y un estadio
3. el Congreso y el Gabinete
4. un gobernador y un presidente
5. un abogado y un juez

Actividad 3

Escriba las siguientes fechas en español:

1. January 1, 1983
2. March 15, 1790
3. September 30, 1990
4. December 12, 1880
5. July 4, 2006

Actividad 4

Escriba las siguientes palabras completando correctamente la letra que representa el sonido /s/ en cada caso.

1. __ etenta	6. ejer __ i __ io	11. dul __ e
2. cono __ er	7. can __ ión	12. __ ero
3. pie __	8. marte __	13. __ uegro
4. __ intura	9. lápi __	14. paí __
5. mar __ o	10. televi __ ión	15. blu __ a

Actividad 5

Escriba el tiempo y el infinitivo de cada verbo subrayado en las siguientes oraciones.

1. Mis primos <u>viven</u> en Miami.
2. ¿Cuándo <u>abrieron</u> las puertas?
3. Miguel siempre <u>trabajaba</u> con su papá.
4. No <u>hablamos</u> con Juan ayer.
5. <u>Corrían</u> para llegar a tiempo.
6. <u>Bailé</u> con mi novio.
7. <u>Comprendió</u> la lección.
8. Anoche le <u>escribimos</u> a nuestro hermano.
9. ¿Qué <u>compraste</u> en esa tienda?
10. <u>Vendemos</u> el coche.

Actividad 6

Escriba una oración con cada una de las siguientes palabras.

1. ahogar
2. semilla
3. enredo
4. espectador
5. lodo
6. zona
7. octubre
8. nariz
9. precio
10. historia

Actividad 7

Prepárese para escribir algunas de las palabras de las secciones CÓMO SE ESCRIBE cuando se las dicte su maestra.

Actividad 8

Copie el párrafo que sigue corrigiendo todos los errores.

El año qe veine ay unas eleccions en mi estado. Yo no puedo botar todabía. Mi ermano mallor ba a votar por un candidato independiente. Dise que no quiede apollar ni a los rrepublicanos ni a los demócratas. Yo no sé quéin deve ganar porque heneralmente no leyo nada sobre las elecciones.

Actividad 9

Escriba un artículo al estilo de periódico sobre uno de los siguientes temas:

1. Un partido de fútbol (o cualquier otro deporte)
2. Un programa de televisión
3. Un programa de música que se presentó en su escuela

Actividad 10

Escriba la forma del verbo en el presente.

1. Yo: estar   3. Felipe y yo: tener   5. Doña Luz: ir
2. Tú: ver   4. Los jóvenes: poder

Actividad 11

Escriba los verbos de la Actividad 10 en el imperfecto.

Actividad 12

Escriba los verbos de la Actividad 10 en el pretérito.

Actividad 13

Conteste las siguientes preguntas:

1. ¿A qué deporte juega usted? ¿Cómo se juega?
2. ¿Cómo es la primavera donde vive Ud.?
3. ¿Para cuál ocupación o profesión se está preparando Ud.? ¿Por qué?
4. ¿Quiénes son los líderes políticos de su estado o ciudad?

Actividad 14

Escriba las siguientes oraciones y complete los blancos con hay, allí, ahí, *o* ay.

1. ¡ __ ! ¡Cómo me duelen los pies!
2. Roberto está __ en frente de la tienda.
3. ¿Cuántas muchachas __ en esta clase?
4. Ese chico siempre grita __ cuando ve un perro grande.
5. __ tanto que hacer aquí.
6. Pongan los libros __ sobre la mesa.
7. ¿Por qué quieres ir __ ?
8. Cuando don Miguel dice " __ bendito," todos corremos.